总第57辑

長江文明

YANGTZE RIVER CIVILIZATION

重庆中国三峡博物馆　编著

長江出版傳媒｜崇文書局

2025第1辑

图书在版编目（CIP）数据

长江文明 . 2025. 第 1 辑 / 重庆中国三峡博物馆编著 .
武汉 : 崇文书局, 2025. 3. -- ISBN 978-7-5403-8033
-5

Ⅰ. K295-53

中国国家版本馆 CIP 数据核字第 2025JV3123 号

长江文明　2025 第 1 辑

CHANGJIANG WENMING　2025 DI 1 JI

重庆中国三峡博物馆　编著

主　　编：牟丰京

责任编辑：黄振华　李佩颖
责任校对：陈　燕
装帧设计：杨　艳
责任印制：冯立慧
出版发行：长江出版传媒 | 崇文书局
地　　址：武汉市雄楚大街 268 号 C 座 11 层
电　　话：(027)87677133　邮政编码：430070
印　　刷：湖北新华印务有限公司
成品尺寸：210mm × 285mm
印　　张：7.25
字　　数：200 千字
图　　片：55 幅
版　　次：2025 年 3 月第 1 版
印　　次：2025 年 3 月第 1 次印刷
书　　号：ISBN 978-7-5403-8033-5
定　　价：159.00 元
审 图 号：GS（2025）0669 号

長江文明
2025第1辑

地　　址：重庆市渝中区人民路236号
邮　　编：400015
电　　话（传真）：023－63679049
E-mail：cjwm001@163.com

目录

鸟头把勺形制、源流及功用考①

丁逸宁　温　锐②

摘　要：鸟头把勺是商周时期巴蜀地区的代表性器物，但学界目前缺乏对此器物的专门研究。在分类上，鸟头把勺可根据鸟眼纹饰的复杂程度、鸟喙的内勾程度等分为三式，眼部纹饰越复杂，鸟喙越内勾，造型越夸张，时间段越靠后。在器物源流上，江汉地区屈家岭－石家河文化邓家湾遗址中所出的一类“舟型器”是鸟头把勺的祖型。在器物功用上，前期的“舟型器”主要为食物盛贮器，Ⅰ式鸟头把勺主要为进食器，后期的鸟头把勺逐渐发展为实用礼器。在文化内涵上，鸟头把勺中所具有的“鸟”形象，经历了由鱼鹰至凤鸟的改变。鸟头把勺的演变，受到了商周时期古蜀地区浓厚宗教、祭祀氛围的影响。

关键词：商周时期；古蜀；鸟头把勺

鸟头把勺是商周时期成都平原地区三星堆－十二桥文化中具有代表性的一类器物，以状如鸟首的勺把、勺把前端的勺面两部分组成。因为勺面端比较容易破碎，故出土时较多只保留下了鸟首形的勺把，故也称为鸟头勺把、鸟头把或鸟头勺。该类器物均为陶制，较广泛地出现在三星堆－十二桥文化的遗址（包括峡江地区的朝天嘴、中堡岛等三星堆文化遗址）中，而不见或少见于周边地区的同时代古文化中，成为了商周时期巴蜀地区具有代表性的器物。

关于鸟头把勺的形制、分类及具体功用，目前较少见到学者对此专门进行研究。尤其是鸟头把勺的具体功用，学界也是众说纷纭，有认为是用来充当水瓢等的实用器，也有人认为其有着较丰富的宗教内涵，可能是祭祀时所使用的礼器，也有人认为是王权的象征等，暂未达成较为统一的意见。因此，笔者草撰拙文，一来是对巴蜀地区先秦时期所见鸟头把勺进行归纳和整理，二来是根据其形态、样式试作分类，三来是对其具体功用进行进一步研究，四来是寻找周边地区较为类似的器物，以期找出鸟头把勺的祖型、传播路径与变化特点，从而对我们研究巴蜀地区古文化的来源与去向提供参考。

一、鸟头把勺的分类与演变脉络

目前，在考古发掘出土的鸟头把勺中，以三星堆遗址中所出土的最多，总计有十余件，材质以泥质灰陶、褐陶为主；此外，在十二

① 本文系 2021 年国家社科基金一般项目“边缘地域下古蜀地区文明起源与早期演进研究”（项目批准号：21BZS017）、2023 年重庆市研究生科研创新项目“先秦蜀地城市形态演进研究”（项目批准号：CYS23380）阶段性成果。

② 丁逸宁，上海师范大学人文学院历史地理学专业博士研究生，主要研究方向为先秦考古、巴蜀历史文化；温锐，重庆师范大学历史与社会学院中国古代史专业硕士研究生，主要研究方向为先秦史。

桥遗址、峡江地区受三星堆文化影响的一部分遗址中，也出土了类似器物。此处我们先以三星堆遗址中出土的鸟头把勺为例来探讨其分类。

在鸟头把勺的分类上，各家的分类方法大体相似，但在具体分类的依据上略有不同。笔者将各家的分类情况简述如下：

冉宏林主张根据其鸟首喙部的内勾程度和有无纹饰分为Ⅰ、Ⅱ、Ⅲ三式，其中Ⅰ式喙部基本不内勾，无纹饰，典型的如 T1 ⑬: 30；Ⅱ式喙部微微内勾，眼睛周围有简单纹饰，典型的如 T7 ⑬: 94；Ⅲ式喙部内勾，整只鸟首均有复杂的勾划纹，典型的如 T1 ⑬: 11。[1]

于孟洲等则主张根据勺把装饰的不同分为Ⅰ、Ⅱ、Ⅲ三式，其中Ⅰ式鸟头无冠，装饰较简单，典型的如三星堆 DbT3③: 53；Ⅱ式鸟头顶上有一冠，双眼突出，典型的如三星堆 DbT2②: 54；Ⅲ式鸟头及鸟颈部装饰线条生动、复杂，典型的如朱王村 TN01E02⑥: 1。[2]

江章华等认为，在三星堆文化一期中，鸟头把勺的鸟喙部长而简单，如 86ⅢT1617 ⑫:6，本文中将其视为Ⅰ式；三星堆文化二期时，鸟头把勺的喙部变短，制作更加精细，如 86Ⅲ T1515⑨: 159，本文中将其视为Ⅱ式；三星堆文化三期时，鸟头把勺的柄部装饰更加精细而繁缛，如 86ⅢT1517⑧a: 139，本文中将其视为Ⅲ式；十二桥文化一期早段，还存有一类鸟头把勺，十二桥文化一期晚段及之后，鸟头把勺基本消失。[3]

王毅等将三星堆遗址分为六段，其中遗址Ⅰ段属宝墩文化时期，遗址Ⅱ至Ⅴ段分属三星堆文化一至四期，遗址Ⅵ段属十二桥文化一期。其中鸟头把勺在遗址Ⅲ段时出现，如 86Ⅲ T1617 ⑫:6，本文中将其视为Ⅰ式；遗址Ⅳ段时，鸟头把勺的喙部变短且刻划精细，如 86Ⅲ T1515⑨: 67，本文中将其视为Ⅱ式；遗址Ⅴ段时，鸟头把勺的喙部刻划得更为精细，如 86Ⅲ T1517⑧a: 139，本文中将其视为Ⅲ式；遗址Ⅵ段及以后，鸟头把勺消失。[4]

孙华也大体认同将鸟头把勺依据鸟头的形状与装饰分为三式。其中Ⅰ式喙部扁长似鸭，素面无纹饰；Ⅱ式喙部变圆似鹅，素面无纹饰；Ⅲ式喙部下勾似鹰，多有纹饰。[5]

此外，陈立基的区分方式与各家有些不同。他注意到，这批鸟头把勺基本可以分为无头冠无勾嘴、戴冠且喙部回勾两种形态，这可能代表了两种不同的水鸟。其中无头冠无勾嘴的一类出现的较早，大约在遗址第二期晚段就开始出现了。而戴冠且喙部回勾类型的在遗址第三期及之后才出现。他认为，前一种无头冠无勾嘴类型的，可能是代表柏灌氏图腾，因为柏灌也是一种水鸟；后一种戴冠且喙部回勾类型的，这是鱼凫氏的象征。[6] 主张鸟头把勺的形态演变，是政权更替的结果。

笔者将各家的分期方法及代表性器物列为表一所示：

表一　各家对鸟头把勺样式的划分与归类

分类者	样式		
	Ⅰ式	Ⅱ式	Ⅲ式
冉宏林	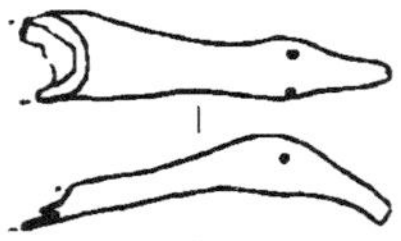 T1 ⑬:30	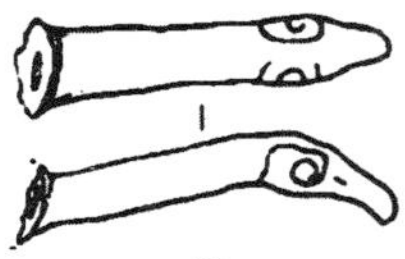 T7 ⑬:94	 T1 ⑬:11

续表

分类者	样式		
	Ⅰ式	Ⅱ式	Ⅲ式
于孟洲等	 三星堆 DbT3③:53	 三星堆 DbT2②:54	 朱王村 TN01E02⑥:1
江章华等	 86ⅢT1617 ⑫:6	 86ⅢT1515⑨:159	 86ⅢT1517⑧a:139
王毅等	 86ⅢT1617 ⑫:6	 86ⅢT1515⑨:67	 86ⅢT1517⑧a:139
孙华	 86ⅢT1617 ⑫:6	 86ⅢT1515⑨:159	 86ⅢT1517⑧a:139

综合各家学说，我们可以看出，在使用时间上，鸟头把勺在三星堆文化二期左右出现，在随后的三星堆文化时期中一直被使用，在此期间形制不断发生变化。三星堆文化结束后，鸟头把勺在十二桥文化中依旧被持续使用了一段时间，并在十二桥文化一期之后消失。其中，十二桥文化一期中的鸟头把勺，样式为短喙、喙部较弯、头顶部和眼眶带复杂花纹，属于鸟头把勺分类中的晚期样式，与三星堆遗址中出现的鸟头把勺序列一脉相承。

在其被使用的过程中，其样式和形制发生了一些变化。各家基本都赞同鸟头把勺由早到晚具有以下几个变化趋势：其一是在长度上，整体长度由长到短，尤其是鸟首喙部的长度变短；其二是在鸟喙弯曲程度上，前期较直，后期由直变弯；其三是在器物雕刻精细程度上，整体刻划由简而繁，后期更是加入了许多纷繁复杂的图案。

二、鸟头把勺的传播方向与演化路径

鸟头把勺除了集中出现在巴蜀地区三星堆－十二桥文化的文化中心区域以外，还出现在了峡江地区等三星堆文化传播的边缘区域，如湖北宜昌的中堡岛遗址、重庆三峡库区的哨棚嘴遗址、大地坪遗址等。其中，在中堡岛遗址1979年的发掘中，发现类似器物两件，其一为T5③B:2，泥质红陶，施褐色陶衣。首端为鹰头形，转折处贴二泥饼作眼；其二为T7③A:281，粗黑陶，状如鹰头，喙端残破，同样贴泥饼作眼。二者皆细长、中空。因后端残，未见器物全貌，因此发掘者将其定名为“鸟首形器把”。[7]笔者将巴蜀与峡江地区见到的典型鸟头把勺归纳为表二，将三星堆遗址中集中出土的鸟头把勺的材质、大小等信息归纳为表三。

表二　成都平原及峡江地区各遗址中所见典型鸟头把勺

广汉三星堆(Ⅰ)	广汉三星堆(Ⅱ)	广汉三星堆(Ⅲ)	成都十二桥
 86ⅢT1617⑫:6	 86ⅢT1515⑨:67	 86ⅢT1517⑧a:139	 ⅠT22⑬:27
万州中坝子	宜昌路家河	宜昌中堡岛	云阳大地坪
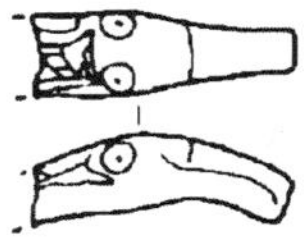 ⅢT0704④:110	 采:48	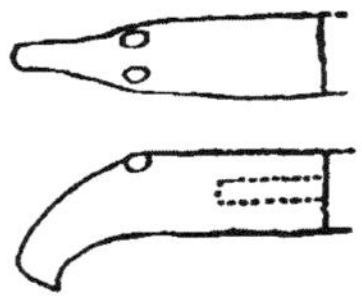 T5③B:2	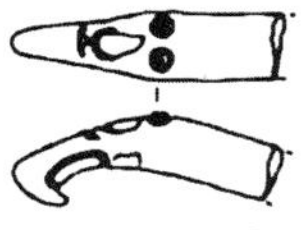 2005YDFT42⑦:19

表三　三星堆遗址中所出典型鸟头把勺数据表①

样式	器物编号	材质	大小(厘米)
Ⅰ式	82GSG1①:2	泥质灰黑陶	残长14,直径3
	GSDAT4①:27	泥质红陶	残长15.2
	86GST1516⑨	夹砂红陶	残长27,直径5.5
	GSDCT1①	泥质灰陶	残长8,宽2.5
	82GST1①	泥质灰陶	直径2.2
	80GSDAT1②:49	泥质褐陶	直径2.3
	86GSⅢT1617⑫:75	泥质褐陶	直径1.9
	86GSⅢT1617⑫:89	泥质褐陶	直径3
	T1416⑨:10	不详	不详
	80GSCCT1①:6	泥质灰陶	直径2.2
	80GSDCT2⑤:26	泥质灰陶	直径2.2
	80GSCCT1①:7	泥质褐陶	直径2.5
	80GSDAT3③:53	泥质灰陶	残长53.3,高13.4
Ⅱ式	GSDAT2①:19	泥质褐陶	残长20.3,直径2.3
	GSDBT1①	泥质褐陶	直径2
	80GSDAT1①:60	泥质褐陶	直径3
	86GSⅢT1516⑨	泥质灰陶	直径1.8
	T1516⑫	泥质灰陶	直径2.2
	T1516	泥质红陶	直径2.3

① 本表的编号、材质与数据信息，来源于四川省文物考古研究院，三星堆博物馆，三星堆研究院：《三星堆出土文物全记录》，成都：天地出版社2009年版。

续表

样式	器物编号	材质	大小(厘米)
Ⅲ式	82GSG1①:3	泥质红陶	残长14,残宽3.4
	采集	泥质灰陶	残长9.3,直径2.5
	GSCCT1①	泥质褐陶	直径2.2
	80GSCCT1①:34	泥质灰陶	直径2
	GSBBT1②	泥质灰陶	直径2
	GSCCT①:93	泥质灰陶	直径2.7
	GSDAT1⑤	泥质褐陶	直径2.6
	GSDAT1①33	泥质褐陶	直径1.5
	86GSⅢT1416⑧B89	泥质褐陶	不详
	T1416⑨:89	泥质褐陶	不详

对于峡江地区出现的鸟头把勺与成都平原三星堆遗址中鸟头把勺的关系问题，关乎巴蜀文化与江汉地区文化的传播脉络，对此学界也是众说纷纭。有一部分学者主张，峡江地区的鸟头把勺，是受到了来自成都平原地区的影响。其中，孙智彬认为，鄂西峡江地区的这批夏商时期遗址，同时受到了三星堆文化、中原地区同时期文化和土著文化的影响。其中出现的鸟头把勺，显然是受到了三星堆文化的影响的证据。[8] 屈小强等人也认为，西陵峡两岸的这批遗址中，出现了以鸟头把勺、小平底罐、尖底杯等器物为代表的三星堆文化因素，这是“三星堆文化向东扩张的余波”。[9] 还有一部分学者认为，从文化传播方向上来看，应当是由江汉地区向成都平原地区传播的。向桃初就指出，三星堆文化不是成都平原土生土长的文化，而是夏文化与三峡地区土著文化联盟进入成都平原征服当地原有文化后形成的。峡江地区所见到的三星堆文化因素不仅不是成都平原的三星堆文化向东发展的结果，反而是成都平原三星堆文化的主要源头。[10] 也就是说，峡江地区发现的此类器物，可能要早于成都平原地区发现的鸟头把勺。

笔者较为支持后一种观点。笔者认为，万州中坝子发现的鸟头把勺，眼部略施纹饰，喙部略勾，应为Ⅱ式。云阳大地坪遗址中发现的两类A型鸟头把勺，分别出自遗址一期一段与二期三段，时代较早的勾画较简洁，大致对应三星堆遗址中的Ⅱ式，时代较晚的勾画较复杂，大致对应三星堆遗址中的Ⅲ式，体现出了由早到晚的变化特征。①宜昌路家河发现的鸟头把勺，整体平直，喙部较长且内勾不明显，无纹饰，应属于Ⅰ式；宜昌中堡岛发现的鸟头把勺，一则周身无明显纹饰与刻划纹路，与鸟头把勺发展过程中的前期特征相像；二则鸟喙部有较明显回勾，但回勾程度不及Ⅲ式；三则未重点突出刻划鸟的眼睛部位；四则此处发现的鸟头把勺皆形状细长、中空，也符合鸟头把勺前期样式的特征。故若按照之前三星堆遗址中鸟头把勺的样式做分类的话，大致介于Ⅰ式与Ⅱ式之间。因此，峡江地区发现的鸟头把勺的样式，基本属于其发展前期的样式。

但是，笔者同时注意到，这几件器物与三星堆遗址中发现的Ⅱ式也存在一些区别，最为

① 此处蒙匿名外审专家提示，在此表示感谢。

明显的就是以泥饼来代替鸟眼的做法。这种做法在三星堆遗址出土鸟头把勺中没有见到。三星堆遗址中的鸟头把勺，或是采用刻划的方式来突出眼睛，或是眼睛与陶器整体浑然一体，或是直接采用镂空的方式来表示眼睛，没有见到贴泥饼来表示鸟眼的制作方法。这显现出成都平原地区的三星堆文化在接受来自峡江地区的影响的同时，创造性地在器物中融入了属于自己的文化属性。如三星堆文化后期，在鸟头把勺上将鸟首形象与眼睛形象相结合的特征，是较为具有宗教色彩的，这种特征并没有在宜昌地区表现出来。可见，峡江地区的鸟头把勺，是成都平原地区同类器物的来源。

如果说长江中上游地区文化传播的主要脉络是由东向西的话，当我们把目光放向更东边的地区时，我们能够找到鸟头把勺的祖型。我们在江汉地区属屈家岭文化与石家河文化时期的邓家湾遗址中，找到了一类与鸟头把勺较为相似的“舟型器”，如图一所示。

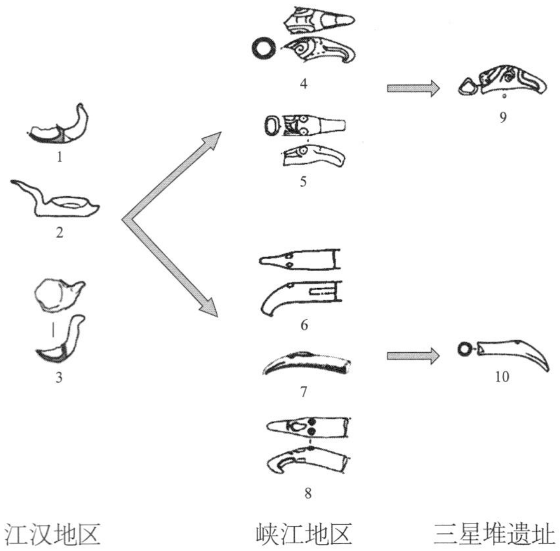

图一 鸟头把勺的演变

1. 邓家湾遗址屈家岭文化时期舟形器 T33⑤: 2
2. 邓家湾遗址屈家岭文化时期舟形器 AT203⑥: 59
3. 邓家湾遗址石家河文化时期陶鸟形勺 T5③: 5
4. 大地坪 2004YDET18⑤: 80
5. 中坝子Ⅱ T0704④: 110
6. 朝天嘴文化中堡岛 T5③B: 2
7. 路家河采: 48
8. 大地坪 2005YDFT42⑦: 19
9. 三星堆三期 86Ⅲ T1517⑧a: 139
10. 三星堆 86Ⅲ T1617 ⑫: 6

其中，1（T33⑤:2），泥质红陶，红衣，尾上翘微卷，器身中空，残长 10 厘米，高 6.4 厘米；2（AT203⑥:59），泥质红陶，尾部上翘，平底，器身中空，素面，长 15 厘米，高 5.8 厘米。这两件“舟型器”，与峡江地区及成都平原地区的鸟头把勺存在诸多相似之处，如外观相似，皆为长柄勺状器物；材质相似，与成都平原及峡江地区皆为泥质陶；大小相似，长宽高与表三中成都平原所出的较为吻合；此外，这两件“舟型器”均为素面，未见复杂纹饰，这与鸟头把勺的前期特征较为一致。

我们知道，江汉地区的屈家岭到石家河文化的年代范畴较三星堆文化更早，而在峡江地区，所列 5 件鸟头把勺中，4、8 来自云阳大地坪遗址，4 出自该遗址一期一段，8 出自该遗址二期三段，粟林洪认为大地坪遗址一期一段与三星堆遗址二期一段大体同时，大地坪遗址二期三段与三星堆遗址二期三段大体同时。他还指出大地坪遗址鸟头把勺（2004YDET18⑤:80）与三星堆遗址鸟头把勺（86Ⅲ T1517⑧a:139）相似。[11] 5 来自万州中坝子遗址，中坝子遗址分为二期，以二期年代来确定一期年代，可知最早始于商早期。[12] 6（中堡岛 T5③B:2）被认为是与二里头文化同时期的鸟头把勺。[13] 而路家河遗址中出土的这件鸟头把勺虽为采集所得，但被认为是商时期的遗存。总的来说，峡江地区发现的一部分鸟头把勺是稍早于三星堆文化的，也有一部分鸟头把勺，大致与三星堆遗址同类型器物处于同时代。因此，在时间上和器物演变规律上，都可证实鸟头把勺的演化是从江汉地区到峡江地区再到三星堆文化中的。

因此，我们认为，邓家湾遗址中所见的这类“舟型器”，可能是巴蜀地区代表性器物“鸟头把勺”的祖型；峡江地区所见的鸟头把勺，是屈家岭-石家河文化中“舟型器”向西传播至成都平原地区时的中间阶段。

三、关于鸟头把勺功用的讨论

关于鸟头把勺的具体功用为何，目前学界大致可分为以下几种观点：认为其为生活实用器的，认为其为礼器的，认为其既是礼器又是实用器的。

首先，一部分学者认为鸟头把勺是生活实用器。任欣将鸟头把勺定义为“极具装饰性和艺术性的日用陶器”，认为其应为生活用器。[14]汤怡也认为，鸟头把勺是三星堆-十二桥文化先民饮食器具中的一类进食器，能够从炊煮器、盛食器或贮藏器中舀取食物，所以应当也是一类生活实用器。[15]王倩倩认为，三星堆及金沙遗址中发现的鸟头把勺数量丰富，其功能类似于今天的勺子或水瓢，是用来舀取水或汤食的。[16]

其次，另一部分学者认为鸟头把勺是带有象征意味的非实用器。其中，刘泽波认为，三星堆遗址中出土了大量实物证据，能够证明三星堆先民具有崇拜“北斗”的天文思想。甲骨文中的“斗”字即具勺形，《诗经·小雅》中也有“维北有斗，不可以挹酒浆”的记载，证明了上古时期勺类器物与北斗天象有着天然联系。故这类鸟头把勺应为北斗七星的象征，是用于斗极祭仪的祭器。[17]樊一、吴维羲认为，鸟头把勺除了用作斗极祭仪的祭器之外，也可能与祭祖相关，并将祖先崇拜与斗极的崇拜相结合。[18]孙华认为，勺在先秦时期是一种礼器。《礼记》中有一种叫“蒲勺”的东西，指的就是勺柄刻作鸟头或鸭头形状的勺。这种勺是当时的人们祭祀宗庙时所用。[19]王凯认为，在成都金沙遗址中，出土了数量众多的鸟形器物，其中鸟头勺把和鸟纹陶器与三星堆文化中的同类器物一脉相承，说明其是作为祭祀礼器的，体现了鸟在古蜀文化中首屈一指的重要性和古蜀先民对鸟的崇拜。[20]颜信指出，古蜀神话传说中有许多关于鱼凫的记载，三星堆文化二期中所出土的鸟头把勺，是鱼凫族文化的代表性器物。[21]总之，持非实用器观点的各学者，对于其具体内涵尚存争议，有说是与上古星宿、天象有关的，有说是与祭祖与祖先崇拜有关的，也有说是与鸟崇拜等部落图腾崇拜有关的。

还有一部分学者主张将鸟头把勺的两种功用结合起来。比如段渝认为，三星堆遗址中出土了大量饮酒、酿酒器，说明当时饮酒之风异常昌盛。鸟头把勺可能是当时的一种舀酒器具，与其他酒器构成一套酒器组合，用于礼仪和祭祀活动。因此，鸟头把勺既是实用器，但又与宗教祭祀活动密切相关。[22]

总的来说，学界目前所提出的三种观点皆有其依据，为我们研究鸟头把勺的功用开拓了新的思路。对此，笔者认为，鸟头把勺作为一件持续使用数百年的器物，其形态也在时间的流逝中不断改变着。其主要功用的改变，也导致其样式发生了变化。在其出现之初，其祖型的主要作用应为实用盛贮器；传入巴蜀地区后，Ⅰ式的鸟头把勺可能依旧是用作餐饮上的实用器，但由盛贮器转变为了舀取食物或液体的瓢类器具。在其随后的演变过程中，开发出了宗教祭祀等多种用途，成为了同时具备实用器、礼器两种功能的器物。具体依据如下：

从其祖型上来看，邓家湾遗址的“舟型器”为平底设计，这一点与成都平原地区所见到的圆底有很大不同。平底的结构说明了两点：一是该器物应当不是用来舀取液体的，因为平底的容器舀取液体的容量很低，舀取的效率不如圆底的高。二是该器物应当是平放在桌面上，用来盛放食物或者汤食的。食用时，一只手可以握住一旁的勺把，将器皿举到方便进食的位置。食用完毕后，可以将该器皿直接放在桌上，平底的结构也保证了器皿不会侧翻，将其中的食物洒出。中空的把手也从侧面说明了器物的实用性质：当拿取该器皿时，中空的结构有助于减轻器物的整体重量，方便进食者拿取；放置在桌面上时，中空的把手也不会使器皿因一侧过重而侧翻。总的来说，笔者认为邓家湾所见的“舟型器”，也就是鸟头把勺的祖型，是一件在用餐时用来盛装食物或汤的盛贮器。

在其传播进入巴蜀地区后，舟型器的形态出现了改变。首先是对于勺面而言，因为大部分器物只存勺把，从发现的少数几件残存勺面的器物来看，平底结构已经被改为了圆底结构，勺柄尾部由弯曲逐渐变得平直。笔者认为，这两点情况说明该器物依旧是实用器，但具体的使用方法出现了一些变化。勺面形状的改变意味着该器皿的盛贮功能弱化，不再需要被放置在桌面上，可能从食物盛贮器变成了用作进食的食具。勺柄部位的弯曲，本身是为了方便使用者以席地而坐的坐姿，从桌上或地上拿取食器的；现在勺柄部位变得更加平直，是为了方便使用者舀取食物。这两点变化说明了Ⅰ式鸟头把勺在具体使用方法上与祖型器产生了区别。

从制作复杂程度上来看，Ⅰ式的鸟头把勺只是经过了简单塑形，在外观上初具鸟形，且没有复杂的纹饰，显然比Ⅱ、Ⅲ式的制作更粗糙，更容易加工得到，具有实用器的特征。而从演变到Ⅱ式开始，一直到Ⅲ式为止，鸟头把勺的制作工艺不断趋于精细、复杂，出现了较为细致的云雷纹、塑造较为精细的内勾鸟喙等。这些精细化的操作使得制造一柄鸟头把勺更为困难。而实用器应当以制作快捷、获取方便、使用顺手为主，并不会花费额外的精力去塑造精细的纹路和鸟喙。所以笔者认为，鸟头把勺的Ⅰ式可能是实用器，但Ⅱ、Ⅲ式应当已经脱离了纯实用器的范畴，并且带有了特殊的宗教意味。

从器物形状上来看，Ⅰ式的鸟头把勺勺柄更加平直，便于在生活中拿取及进行舀水等各种实用操作；演化到Ⅱ、Ⅲ式时，鸟头有向上抬起的趋势，且更加注重对鸟眼睛的装饰，出现了一部分眼睛外凸、鸟喙内勾造型的勺把。这样的外观设计显然不是针对其实用功能的改进，而是出于实用功能以外的目的。

从鸟眼这一部位来看，其祖型器并不重视对勺柄末端部位的装饰；Ⅰ式勺把普遍不太突出鸟眼部位的装饰，有些只是略作勾划，做出一个大致圆形的眼睛形状；也有的干脆以镂空的方式来简略地表现鸟眼（如三星堆 86ⅢT1515⑨:67）。自Ⅱ式开始，该器物在装饰上逐渐偏重对鸟眼部位的刻划，有些会在鸟眼中特意点出瞳孔，颇有“画龙点睛”之意（如三星堆 86GSⅢT1516）；也有的以复杂的纹饰来装点鸟眼部位（如三星堆 86GSⅢT1416⑧B89）。在三星堆文化中，飞鸟的形象与眼睛的形象皆具有浓厚的宗教色彩与文化内涵。因此，Ⅱ、Ⅲ式鸟头把勺中对鸟眼的刻画，能够证明后期的鸟头把勺应该是非实用器，且很可能与宗教祭祀礼仪有关。

综合以上几点，我们认为，鸟头把勺的演变，主要经历了三个阶段：其在江汉地区屈家岭-石家河文化中的祖型器，主要为食物盛贮器，兼有进食器的功能；传入巴蜀地区后，Ⅰ

式鸟头把勺逐渐演化为进食器；在巴蜀地区发展了一段时间后，尤其是进入到三星堆文化中晚期及十二桥文化时期后，Ⅱ、Ⅲ式鸟头把勺开始呈现出较为明显的宗教意味，可能是用作与宗教活动相关的礼器，或是在仪式上使用的实用礼器。

四、鸟头把勺中的信仰观念与文化内涵

纵观鸟头把勺的传播过程，其祖型器更偏舟型而非鸟形，在传播入巴蜀地区后，该器物的勺柄部位逐渐显现出鸟形，其形象在之后不断被夸张化，最后发展为Ⅲ式的形态。可以说，鸟头把勺中所包含的信仰观念与文化内涵，实际上与古代巴蜀地区的鸟崇拜密切相关。

鸟的形象是三星堆-十二桥文化时期古蜀先民们的主要崇拜对象之一。对于古蜀鸟崇拜的具体表现与文化内涵，目前已经有部分学者进行过研究。其中，张耀辉指出，古蜀人的鸟崇拜，事实上来源于“鸡崇拜”的观念和精神信仰，直至今天四川地区依然以鸡为除灾辟邪之象征。[23] 王晓婷认为，鸟在古蜀人心目中代表着祖先崇拜、吉祥安宁以及神权政治。鸟图腾是“由图腾走向宗教”的典型代表。[24] 王凯指出，古蜀鸟崇拜历经起源、繁荣、演化三个阶段，其核心特征为原始信仰、神权统治及世俗作用。[25] 张伦认为，古蜀的鸟图腾与鸟崇拜在整合各部落与部落之间的交际中起到了重要作用，拥有族群文化整合和族际文化交流的双重功能。[26] 总的来说，有认为鸟崇拜是属于图腾崇拜的，有认为鸟崇拜是属于祖先崇拜的，还有认为鸟崇拜体现了神权统治和神灵崇拜的。对于古蜀鸟崇拜的文化内涵，还有待继续深入挖掘。本文就鸟头把勺这一器物形象及其发展脉络与源流，来谈谈对于鸟头把勺中“鸟”的形象的看法。

（一）古蜀的鸟崇拜部分源于长江中游地区

鸟崇拜在三星堆-十二桥文化中非常常见。除了鸟头把勺之外，更多的鸟的形象出现在青铜器或金器上。带有鸟元素的器物有非常多，此处暂不一一列举。经过对比研究，笔者发现，有一部分三星堆-十二桥文化中的鸟型器物，在江汉地区的后石家河文化中能找到相似的器物，可能是古蜀地区鸟形器物的祖型，如图二所示。

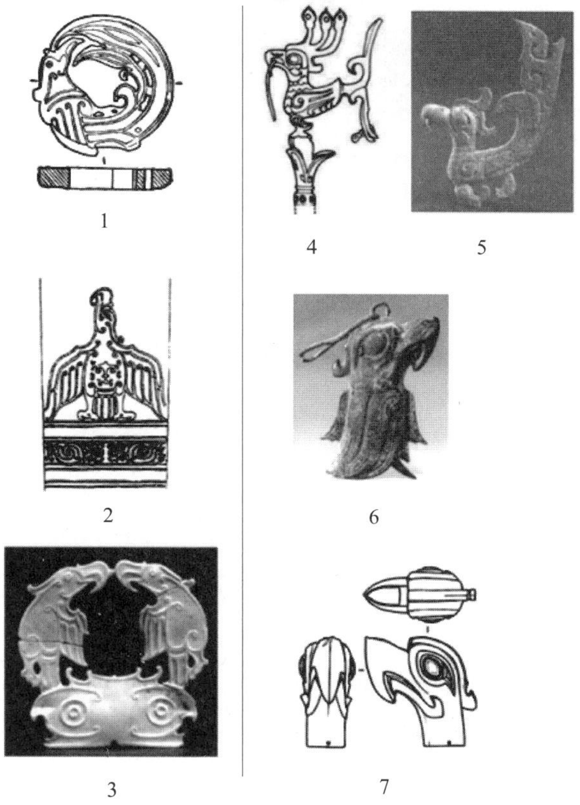

图二　三星堆文化与后石家河文化中的鸟形器物

1. 罗家岭玉凤 T32③A: 99
2. 后石家河文化鹰腹神玉圭纹（台北故宫博物院藏）
3. 谭家岭介冠兽面双立鹰 W8: 13
4. 三星堆铜鸟 K②: 213
5. 三星堆铜鸟 K2③: 193－4
6. 三星堆铜铃 K2②: 103－8
7. 三星堆铜鹰 K2②: 141

具体来说，后石家河文化与三星堆-十二

桥文化中鸟的造型非常相似。在勾喙方面，从图二中 2、3（后石家河文化鹰腹神玉圭纹 [台北故宫博物院藏]、谭家岭介冠兽面双立鹰 W8: 13）和 6、7（三星堆 K2②: 103-8、三星堆 K2②:141）的比较中可以看到两者鸟的勾喙都是十分粗壮的，这是鹰钩喙的特点，其次是在勾喙的线条处理上两者的轮廓特征也基本相同。在羽冠方面，1、2、3（罗家岭玉凤 T32③A: 99、后石家河文化鹰腹神玉圭纹 [台北故宫博物院藏]、谭家岭介冠兽面双立鹰 W8: 13）和 6、7（三星堆 K2②: 103-8、三星堆 K2②: 141）在鸟头顶处皆有一束羽冠紧贴头背，在鸟颈处向上稍微翘起。在羽尾方面，羽尾可分两类，一类是如 5（三星堆铜鸟 K2③: 193-4）所示，在羽尾处表现为简化的刀状羽尾；另一类则如 6(三星堆铜铃 K2②: 103-8）所示，线条流畅、自然写实，与 3（谭家岭介冠兽面双立鹰 W8: 13）的羽尾呈现方式高度相似。

通过前文的叙述，我们已经了解到，江汉地区可能是古蜀器物中鸟的形象的重要来源之一。但江汉地区后石家河文化中所要表现的鸟的形象，与古蜀器物中所呈现出来的鸟的形象，虽然有着较为相似的造型，但也存在着一些差别。具体来说，三星堆与后石家河文化中的鸟形器，除了相似的勾喙、羽冠外，对羽尾的呈现有些不同。笔者认为，这二者是在表达两种不同种类的鸟。后石家河文化的鸟形器在羽冠、披羽、鸟爪处均表现出鹰的图像特征，而三星堆更为侧重凤鸟的冠翎和羽尾，表现出的是凤的相关特征。并且，三星堆先民对鸟的羽尾进行了简化和修改，对于鸟的眼睛部位刻划得更加夸张，突出了三星堆的本土特色。

（二）鸟与舟的结合：鸟头把勺的最初意味

古人的生产力尚不发达，生产工作是其生活中的重要部分。而古人千奇百怪的崇拜物与崇拜意象，无不源于其现实生活。在古代的长江流域，水网相当密集，对于居住在长江流域的居民，渔业必然在其生产活动中占有重要地位。鱼鹰即为鸬鹚，很早就被长江流域的先民驯化并用作捕鱼时的助手。因此，鱼鹰的形象与船的形象具有天然的关联性。

对于鸟头把勺来说，其在演变过程中也反映出了这一点。初期的鸟头把勺为舟型器，在向西传播入峡江地区后，勺柄演化为了鸟的形象。Ⅰ式的鸟头把勺鸟颈、鸟喙细长，颇为写实，与鱼鹰的形象非常符合。而舟船与鱼鹰之间本身就存在着密切的联系，都是先民在进行渔业生产活动时所常见的意象。

笔者认为，早期将盛放食物的器皿制作成舟型器的样式，一来是在现实层面上，这种器型更方便使用；二来是在精神层面上，以舟型器盛放食物，具有祝福在渔业活动中满载而归的意味。传入峡江地区后，该器皿在功用上由盛食器转变为进食器，而在现实的渔业活动中，鱼鹰常衔着其所捕获的鱼飞回渔民身边，这正与进食器承载食物送入口中的作用颇有一致性。

因此，鸟头把勺初期的舟形象与鱼鹰形象，表现的是先民的渔业生产活动。其作为食器，也具有祈愿丰产的象征意味。

（三）由鸟至凤：鸟头把勺的神化历程

在后期的鸟头把勺中，尤其是传入了成都平原地区以后，鸟头把勺上勺柄鸟头的样式发生了变化，鸟的形象逐渐脱离了原本的鱼鹰形象，变得更加夸张和神化。笔者认为，此时鸟头把勺中所表现的鸟为凤鸟。这是由于三星堆文化中宗教祭祀氛围浓厚，该器物由于在祭祀活动中需要起到一定的作用，而对器物上所表现的鸟的形象进行了必要调整，由常见的鱼鹰形象，采取夸张化的手法，逐步替换为了凤鸟的形象。

除了鸟的自身形象的变化之外，与鸟的关联物也发生了变化。前期的鸟头把勺所表现的是舟型器或鱼鹰，其关联物多为舟船，这一点我们在之前已经论述过了。而在三星堆-十二桥文化中，与鸟相关联的意象主要为太阳，其中代表性器物包括但不限于三星堆青铜神树（K2②:94）、金沙遗址“四鸟绕日”金箔等，皆与太阳关系密切。笔者认为，与鸟相关的关联物的变化，是鸟的形象变化的反映。也许在古蜀人的心目中，太阳对于凤鸟正如鱼鹰对于舟船，体现出强烈的归属感与宿命感。

由于考古所见的材料有限，绝大部分鸟头把勺的勺面都已不存，因此，推测其在祭祀活动中的具体作用是很困难的。笔者认为，如果勺面的主体形状在其后期的几式中未改变的话，说明其虽然具有某些宗教祭祀色彩，但依旧保留着用以舀取物体的实用功能，是作为祭祀活动中的一种实用礼器而存在的。

五、结语

本文是对商周时期古蜀地区代表性器物鸟头把勺的一项专门研究。在器物形制上，我们能够依据勺柄上鸟首的眼部纹饰、鸟喙内勾程度等因素将其由早到晚分为三式，越往后鸟的眼部纹饰越复杂，鸟喙越内勾，整体造型越夸张神化。在器物传播途径上，我们认为在江汉地区属屈家岭-石家河文化时期的邓家湾遗址中见到的一类舟型器，与鸟头把勺存在着诸多相似之处，可能是古蜀鸟头把勺的祖型。鸟头把勺的演变，经历了从舟型器到Ⅰ式的鱼鹰形象，再发展到了Ⅱ、Ⅲ式的凤鸟形象的过程。在器物功用上，我们认为江汉地区早期的舟型器可能是食物盛贮器，Ⅰ式的鸟头把勺可能是进食器，Ⅱ、Ⅲ式的鸟头把勺可能是保留有实用功能的礼器。在“鸟元素”所具有的文化内涵上，我们认为商周时期蜀地文化中所见到的与鸟有关的元素，主要来源于江汉地区文化的影响。鸟头把勺中鸟的形象也在传播过程中发生了变化，由舟型器转变为了鱼鹰，再转变为了凤鸟。与鸟形器物有关的关联物的变化也能够支持这一点。

鸟头把勺是古蜀文明中一件颇具代表性的器皿，但由于现在所见到的鸟头把勺实物多数残缺，对此所做的专门研究目前见到的也不多。拙文中所涉及的仅是古蜀鸟文化的冰山一角，对此还有更多研究和研讨的空间。

参考文献：

[1] 冉宏林. 再论成都十二桥遗址的分期与年代 [J]. 三代考古，2021：354−382.

[2] 于孟洲，吴超明. 十二桥文化早期遗存初论 [J]. 考古学报，2019（2）：163−192.

[3] 江章华，王毅，张擎. 成都平原先秦文化初论 [J]. 成都考古研究，2009：1−22.

[4] 王毅，张擎. 三星堆文化研究 [J]. 成都考古研究，2009：224−236.

[5] 孙华. 试论广汉三星堆遗址的分期 [J]. 南方民族考古，1993：10−24.

[6] 陈立基. 趣说三星堆——古蜀文化探秘 [M]，成都：四川文艺出版社，2000：42−49.

[7] [13] 湖北省宜昌地区博物馆，四川大学历史系. 宜昌中堡岛新石器时代遗址 [J]. 考古学报，1987（1）：45−97+132−139、94.

[8] 孙智彬. 三星堆文化峡江类型刍议 [J]. 史前研究，2006：466−475.

[9] 屈小强，李殿元，段渝. 三星堆文化 [M]. 成都：四川人民出版社，1993：592−594.

[10] 向桃初. 三星堆文化的形成与夏人西迁 [J]. 江汉考古，2005（1）：60−67.

[11] 粟林洪. 浅析重庆云阳大地坪遗址夏商时期文化遗存 [J]. 长江文明，2018（4）：1−18.

[12] 王建新，王涛. 试论重庆万州中坝子遗址夏商周时期文化遗存 [J]. 江汉考古，2002（3）：56.

[14] 任欣. 古蜀神鸟形象及其信仰研究 [D]. 北京：中国艺术研究院，2023：19−20.

[15] 汤怡. 先秦至魏晋南北朝时期巴蜀地区饮食文化研究 [D]. 重庆：重庆师范大学，2020：30−32.

[16] 王倩倩. 三星堆古蜀考古发现与农业变迁 [J]. 农业考古，2022（6）：42−48.

[17] 刘泽波. 试论三星堆文明中的“北斗”思想及其内涵 [J]. 黄河·黄土·黄种人（华夏文明），2022（1）下：20−30.

[18] 樊一，吴维羲. 三星堆神坛考 [J]. 四川文物，2003（2）：29−38.

[19] 孙华. 巴蜀文物杂识 [J]. 文物，1989（5）：39−46.

[20] 王凯. 古蜀的鸟崇拜与演进轨迹 [J]. 中华文化论坛，2015（10）：26−31.

[21] 颜信. 鱼凫与古蜀文明的演进之路 [J]. 中华文化论坛，2018（3）：25−30.

[22] 段渝. 蜀文化考古与夏商时代的蜀王国 [J]. 四川文物，1994（1）：3−8.

[23] 张耀辉. 三星堆二号祭祀坑出土铜鸡考 [J]. 四川文物，2008（6）：45−49.

[24] 王晓婷. 巴蜀三星堆文化之鸟图腾崇拜原因探秘 [J]. 艺术研究，2015（3）：96−97.

[25] 王凯. 古蜀的鸟崇拜及其与东夷鸟崇拜之比较 [D]. 成都：四川师范大学，2017.

[26] 张伦. 古蜀鸟崇拜研究 [J]. 北京社会科学，2019（6）：101−112.

汉代龙首方身铜器的类型与用途补论

苏　奎[1]

摘　要：龙首方身铜器是一种形制比较特殊的汉代器物，其典型特征是扁平的方身之上满布突起的刺钉。宋代以来，有很多学者对它们的用途进行过推测，但绝大多数观点都难以令人信服。另外，有少数学者对这类器物的类型进行过划分，但部分认识被著录伪作所误导。有鉴于此，在拙文《汉代龙首方身铜器的类型与用途》的基础上，本文利用新材料再对这类器物的类型和用途进行补充考察，并就相关研究方法进行总结，以期从不同角度推进其研究。

关键词：汉代；龙首方身铜器；生活工具；铜锉

龙首方身铜器是一种形制比较特殊的汉代器物，特征为龙首，短颈，扁平方身的一面或两面满布突起的刺钉，周围有边框。除个别特殊者以外，大多数的长度为 10 ～ 19 厘米，宽度为 4 ～ 7 厘米，厚度为 0.3 ～ 0.6 厘米，长宽比例为 3∶1 左右。这类器物在全国各地汉墓当中有大量发现。2017 年，笔者在《汉代龙首方身铜器的类型与用途》（以下简称《类型与用途》）一文中，从出土材料入手对这类器物的类型和用途进行过详细考察，并对宋代以来金石著录中部分器物的真伪进行了鉴别。[1]

近年，随着新材料的发现和老材料的除锈等情况变化，此前的类型分析有补充的必要。另外，就方法论上的认识，笔者欲作一些阐明，且顺带检视部分学者不断重申的“牌饰说”。这些都是为了完善此前《类型与用途》的相关认识。当然，本文所运用的材料主要是《类型与用途》发表以后找到的新材料和需要再讨论的老材料，以尽量避免重复。

一、类型及相关问题

从最近找到和重新确认的可靠资料来看，龙首方身铜器在陕西、四川、河南、河北、江苏、重庆、云南、甘肃和安徽等地都有发现，共计 10 余件（表一）。

表一　出土的汉代龙首方身铜器

区域	出土地点或收藏单位	大小(厘米)	刺钉	原命名
陕西	安康黄土梁汉墓 M1	长 17.4，宽 5.2，厚 0.6	双面	铜瓀或铜錬
	陕西历史博物馆藏	长 18.3，宽 5.6	单面	透空铜饰物

① 苏奎，成都博物馆研究馆员，考古学博士。

续表

区域	出土地点或收藏单位	大小(厘米)	刺钉	原命名
四川	某地汉墓	长 17.7，宽 5.4	单面	铜压胜钱
	简阳东溪园艺场窖藏	长 20.5，宽 6.5	单面	铜龙虎牌
	成都郫县新胜汉墓	残长 14.5，宽 5.4，厚 0.3	单面	铜牌饰
	成都中和红苕坡汉墓 M70	长 18，宽 5.6，厚 0.4	单面	铜牌饰
河南	三门峡后川村汉墓 M54	长 16，宽 5，厚 0.5	双面	铜牌饰
	辉县赵庄汉墓 M41	长 12.9，宽 4.4	双面	铜牌饰
河北	安平汉王公园汉墓 M1	长 18.9，宽 6.6	单面	镂空龙凤纹铜牌饰
	磁县双庙汉墓 M23	长 13.5，宽 4	双面	铜饰件
江苏	扬州沈家山汉墓 M54	长 17.1，宽 6.2，厚 0.3	单面	铜牌饰
重庆	云阳旧县坪朐忍县城遗址	残长 9.5，宽 4.3，厚 0.4	双面	铜牌饰
	江津白沙师范校汉墓	长 17.2，宽 5.5，厚 0.5	双面	铜磨牌
云南	昭通象鼻岭汉墓	长 17.2，宽 5.8，厚 0.4	单面	铜牌饰
	昆明河泊所青铜时代遗址	残长 12.3，宽 6.4，厚 0.6	单面	铜带饰
甘肃	临夏广河汉墓	长 17.2，宽 5.4	双面	龙兽纹铜牌饰
	庆阳彭原汉墓	长 17，宽 5.1	双面	龙纹铜马刷
安徽	肥东县内	长 26，宽 7.2	单面	铜令牌

龙首方身铜器的龙首为镂空盘曲状，龙头高昂，龙身呈“∞”形，龙尾回卷。颈部呈正方形，大多镂空，饰带翼的天马。这是西汉中期开始出现的与升仙思想有关的祥瑞图像。仅少数的颈部装饰凤鸟纹，或不规则的五个圆孔，或阴刻铭文。方身呈长方形，大多也镂空，纹饰种类较多。根据方身纹饰的不同，大致可分为五个类型（表二）。

需要事先说明的是，现补充的新类型和新材料是在《类型与用途》的基础上进行的。除了 B 型（方身无纹饰，两面都有刺钉）没有新材料以外，其余各类型均有一些增加，因此下文的叙述将略去 B 型部分。

A 型：云气纹，共有 8 件。由下至上作类似“S”形升起状，颇似龙的造型，以至于有的收藏单位还以“云龙纹”来进行命名。现有考古材料表明，这种纹饰常见于长江中下游地区西汉中晚期的漆器之上，比如 1974 年江苏盱眙东阳汉墓 M7 出土漆案上的云气纹[2]（图一，1）和 1985 年江苏邗江姚庄汉墓 M101 出土漆面罩上的云气纹[3]（图一，2）。颈部为带翼的天马造型。刺钉分为两种情况：一种是单面有刺钉，另一面为纹饰；另一种是两面都有刺钉。根据云气纹繁简的差异，又可以分为两个亚型。

图一　江苏地区西汉中晚期漆器上的云气纹

（1.盱眙东阳汉墓M7 出土漆案纹饰　2.邗江姚庄汉墓M101 出土漆面罩纹饰　3. 邗江姚庄汉墓 M102 出土漆面罩纹饰）

Aa 型：云气纹中间站立有动物，有 6 件。孙机先生将这类灵动而大气的纹饰称为“云虡纹”[4]。在汉代人们的一般观念中，云虡纹中间站立的瑞兽都具有祛邪避害的神性。所不同的是，Aa 型龙首方身铜器的云虡纹中间巧妙地增加了一根柱子。从表面上看，它是为了动物站立的需要。实际上，它是为了弥补方身镂空的缺陷，以起到加固的作用。基本上可以说，它是漆器纹饰在此类铜器上的灵活运用。再根据动物种类的差异，还可分为两式。

I 式：中间站立一只朱雀，共有 5 件。类似的情形常见于长江中下游地区西汉中晚期的漆器之上，如 1988 年江苏邗江姚庄汉墓 M102 出土漆面罩的云虡纹中间站立有一只朱雀[5]（图一，3）。它们的大小和纹饰基本接近，分别是：20 世纪早期，四川某地汉墓出土的 1 件，藏于华西协和大学古物博物馆（今四川大学博物馆的前身），被命名为“铜压胜钱”①[6]（图二，1）。1959 年，重庆江津白沙师范校汉墓出土的 1 件②（图二，2）。1973 年，甘肃庆阳彭原乡征集 1 件[7]（图二，3），应出自本地汉墓。2009 年，江苏扬州沈家山西汉晚期墓 M54 出土的 1 件[8]（图二，4）。

图二　Aa 型 I 式龙首方身铜器

（1. 四川某地汉墓出土　2. 重庆江津白沙师范校汉墓出土　3.甘肃庆阳彭原汉墓出土　4.江苏扬州沈家山汉墓M54 出土）

另有一件需要修订的材料也属于 Aa 型 I 式，就是陕西安康黄土梁东汉早期汉墓 M1 出土的那件。之前，《类型与用途》一文根据简报中线图将其归入了 B 型③[9]（图三，1）。但是，

① 原书图注中的比例 1/2 有误，应为 1/3。

② 资料由重庆江津博物馆丁燕飞副馆长提供，谨此致谢。

③ 简报中的厚度 0.8 厘米可能为除锈前的厚度。

在《脉源安康——安康古代文明陈列》图录中，它又呈现了 Aa 型的特征[10]（图三，2）。而安康博物馆展厅中除锈之后的器物呈现了更加清晰的纹饰（图三，3）。因此，其类型的划分必须予以调整。

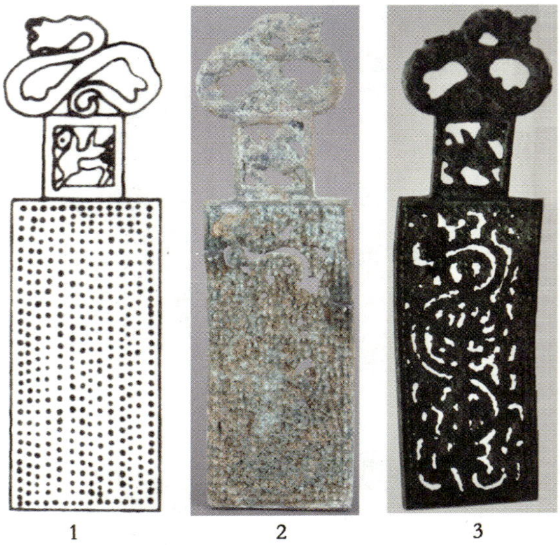

图三　陕西安康黄土梁汉墓 M1 出土的龙首方身铜器

（1. 简报中线图　2.《脉源安康》著录　3. 展厅中实物照片）

II 式：中间站立一匹奔马，仅见陕西历史博物馆收藏的 1 件（图四，1、2），系早年出土之物①。其造型和大小与 1991 年洛阳吉利炼油厂东汉中期墓 M445 出土的、颈部阴刻铭文“常宜□□”的那件[11]（图四，3），如出一辙。只是，其颈部阴刻的铭文一面为“常宜侯君”，另一面为“大利”。它们的造型无疑是模仿自长江中下游地区的 Aa 型 I 式龙首方身铜器。二者的独特性均表明，它们应该是出自同一工匠之手，且来自洛阳的可能性最大。其在不同地域之间的流通，或为贸易的商品，或为馈赠的礼品，或为随嫁的媵器。

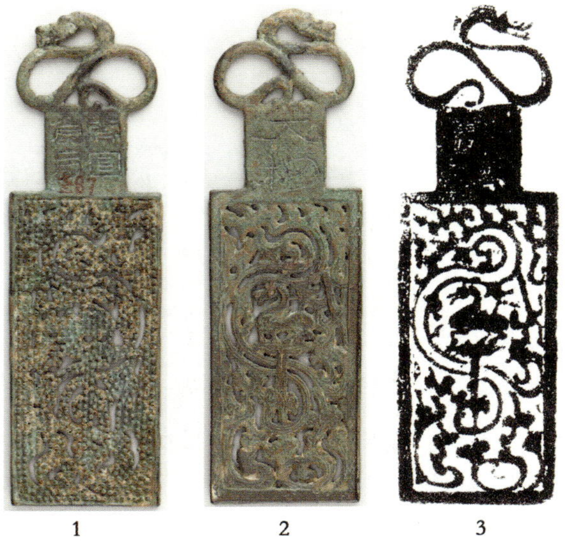

图四　Aa 型 II 式龙首方身铜器

（1、2. 陕西历史博物馆藏［正反面］　3. 洛阳吉利炼油厂 M445 出土）

Ab 型：云气纹略显简化，共有 2 件。不排除它们原本属于 Aa 型，只因锈蚀严重而无法辨认而已。它们分别是：1987 年，甘肃临夏广河县内征集 1 件②[12]（图五，1），应出自本地汉墓。2017 年，河南三门峡后川村东汉中晚期墓 M54 出土的 1 件[13]（图五，2）。

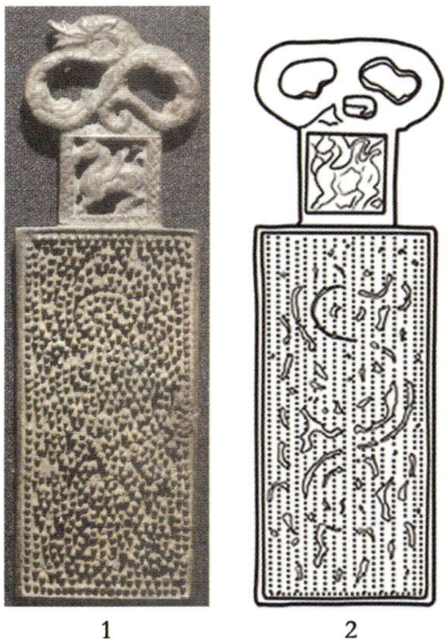

图五　Ab 型龙首方身铜器

（1. 甘肃临夏广河汉墓出土　2. 河南三门峡后川村汉墓 M54 出土）

① 资料由陕西历史博物馆提供。

② 经甘肃省博物馆核实，该器实为 1987 年临夏广河县内征集，而非武威磨嘴子汉墓出土，原名为“龙兽纹铜牌饰”。

总的看，墓葬年代明确者的 A 型龙首方身铜器年代可早至西汉晚期，分布在江苏等地；晚至东汉中期及中晚期，分布在河南等地。这些都在《类型与用途》一文归纳的范围之内：A 型龙首方身铜器的年代主要是在西汉晚期至东汉早期，即新莽时期前后，分布于江苏、四川、重庆和云南等地。仅少数延续到了东汉中、晚期，分布地域主要是在陕西和河南。

图六　C 型龙首方身铜器
（1. 重庆云阳旧县坪朐忍县城遗址出土　2. 河南辉县赵庄汉墓 M41 出土　3. 河北磁县双庙汉墓 M23 出土）

C 型：几何纹，由四层曲尺形“⌐ ¬”符号夹带三层月牙形“(　)”符号组合而成，共有 3 件。目前，这种纹样仅见于此类龙首方身铜器之上。它们双面都有刺钉，且颈部镂出五个不规则圆孔。2004 年，重庆云阳旧县坪朐忍县城遗址的东汉地层（⑤C）中出土 1 件[14]（图六，1）。2006 年，河南辉县赵庄东汉中晚期墓 M41 出土 1 件[15]（图六，2）。2013 年，河北磁县双庙东汉晚期墓 M23 出土 1 件[16]（图六，3）。总的看，C 型龙首方身铜器的年代在东汉中晚期及其前后，分布于重庆、河南和河北。这些基本上都在《类型与用途》一文归纳的范围之内：C 型龙首方身铜器的年代主要是在东汉中期，仅少数延续到了东汉晚期，分布地域除了此前所见的陕西、四川、湖南、山东、重庆和甘肃等地以外，还有河南和河北。

D 型：人物纹，共有 7 件。正面的上方中间饰西王母图像，左右两侧各有一位手持灵芝的跽坐侍者；下方中间为云气纹，两侧为龙虎图像；背面满布刺钉。根据颈部纹饰的差异，可分为两式。

图七　D 型 I 式龙首方身铜器
（1. 四川成都中和红苕坡汉墓 M70 出土　2. 四川成都郫县新胜汉墓出土　3.《古泉汇》著录）

I 式：颈部饰带翼的天马，边框封闭，有 3 件。2017 年成都中和红苕坡新莽时期至东汉初期崖墓 M70 出土 1 件[17]（图七，1）。据此，我们可以判定两件器物的真伪和类型。其一为残缺器物，20 世纪 80 年代，成都郫县新胜汉墓出土的 1 件①（图七，2）。尽管龙首已经残缺，方

① 资料由成都市郫都区博物馆罗成先生提供，谨此致谢。

身锈蚀严重，但是下部仍能看出其纹饰仅与此型相同。其二为著录器物，《古泉汇》中与之如出一辙的那件同类器[18]（图七，3）。不过，虽然后者的造型取自真器，但拓片边缘的水波纹是取自唐五代时期的花钱。因此，这件著录器物很可能是器真图伪，容易误导后世之人。这就警醒我们，金石著录中的拓片不可全信。

II 式：颈部饰凤鸟纹，上方边框开口，有4件。2012年河北安平汉王公园东汉晚期砖室墓M1出土1件[19]（图八，1）。它的出土为其他三处材料的确认提供了可靠依据。一是1974年四川简阳东溪园艺场窖藏出土的1件[20]（图八，2）。原简报曾将该遗迹定为元代墓葬。后来有学者研究发现，该遗迹最初为南宋墓葬，后被多次借用为窖藏，以埋藏贵重生活用品和商品。[21] 窖中器物分属三个时期：汉代、宋代和明代。当中的龙首方身铜器一般被视为汉代器物，但不排除它是仿汉器的可能，因为宋元时期的窖藏中时常会有仿古青铜器。即便同时出土了铜洗、铜鐎和温鐎等东汉之物，也无法根据这些材料直接断定其年代为汉代。二是2012年以前云南昭通象鼻岭采集的1件，属于调查材料[22]（图八，3）。在同时见诸记录的材料中，虽然有东汉时期的陶井、陶罐和钱树铜残片等，但并不代表它们出自同墓。那么，我们无法从其他材料判断该龙首方身铜器是否为汉代器物。在没有正式考古证据之前，作为孤例的采集品，其真伪仍然值得怀疑。所幸，安平汉墓那件龙首方身铜器的发现，基本上可以确认后面两件就是汉器，而不是仿汉器。尤其昭通象鼻岭那件龙首方身铜器的确认，又为2021年云南昆明河泊所青铜时代遗址出土的1件残缺铜器辨认和归类提供了参照依据。最初，该器被发掘者视为腰带具，名为“铜带饰”[23]（图八，4）。不过，根据器身纹饰可以看出，它与昭通象鼻岭那件龙首方身铜器非常相似。而器身宽度6.4厘米又与安平汉王公园汉墓和简阳东溪园艺场窖藏那两件龙首方身铜器基本接近。进而可以确定，昆明河泊所遗址出土的那件“铜带饰”实为龙首方身铜器，且类型属于D型II式，仅柄部缺失，复原后的长度应在19厘米左右。

1

2

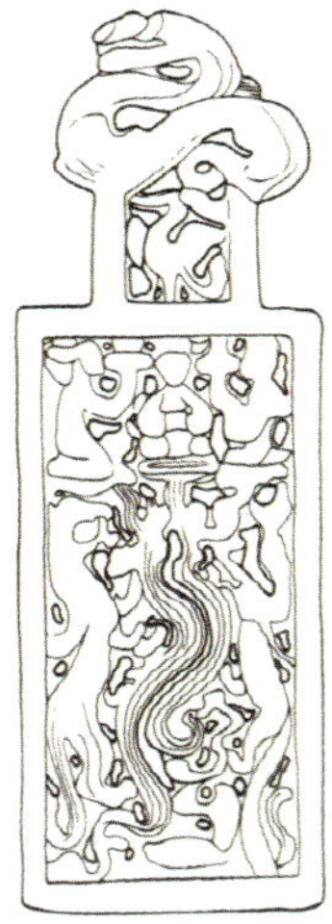

3

4

图八　D型II式龙首方身铜器

（1. 河北安平汉王公园汉墓出土　2. 四川简阳东溪园艺场窖藏出土　3. 云南昭通象鼻岭采集　4. 云南昆明河泊所青铜时代遗址出土）

需要区别对待的是，金石著录中有一类与

D 型龙首方身铜器相似者，但人物身下有长城纹饰。它们见于宋代的《重修宣和博古图》[24]（图九，1）、清代的《钦定钱录》[25]（图九，2）和《金石索》[26]（图九，3）。其中，《重修宣和博古图》和《钦定钱录》采用了年代稍早的李孝美《历代钱谱》资料，真伪难辨。并且，上述著录器物的造型韵味和细部纹饰都比较特别，与真正的汉器略异，特别是《钦定钱录》那件的方身边缘纹饰为宋代至明代的海涛纹。这在汉代青铜器上未见相同者，却与宋代青铜器之上的纹饰非常接近，比如成都青白江宋代窖藏出土的铜壶[27]（图一〇）。凭借多年的眼学经验，笔者在撰写《类型与用途》一文时的第一直觉是，在没有正式考古证据之前，倾向于认为它们是宋代及以后的伪作。因为宋代的复古之风颇为兴盛，摹古和仿古的器物曾大量出现，并对后世产生了一定程度的影响。那么，在宋代以来的各种图录当中，难免会存在鱼目混珠的情况。

1　　2　　3

图九　金石著录中与 D 型相似的龙首方身铜器图

（1.《重修宣和博古图》著录　2.《钦定钱录》著录　3.《金石索》著录）

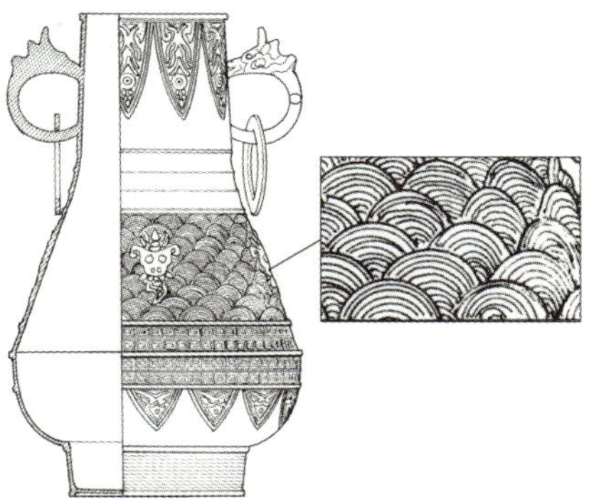

图一〇　四川成都青白江宋代窖藏出土的铜壶及腹部纹饰

此认识基本上能够得到新材料的证明。鉴别方法之一在于，拓片可能是出自真器，而线图则有创作的可能。后者见于墨谱，比如明代画师丁云鹏等人于万历十一年（1583）为《方氏墨谱》绘制的一张图录[28]（图一一）。它被归入《方氏墨谱》的“博古”一类，落款中“太玄氏戲作”一语所言的对象，无论是图录展示的线图，还是线图背后的器物，均有托古之意。而“戲作”一词道出了人为“创作”的天机。到了万历十六年（1588），他们还绘制了《泊如斋重修宣和博古图录》的一张图录，造型与前者大同小异，详见下文。如此一来，宋代以后钱谱、墨谱及其他金石著录中绘制的龙首方身铜器图录均有创作的成分，务必谨慎利用。

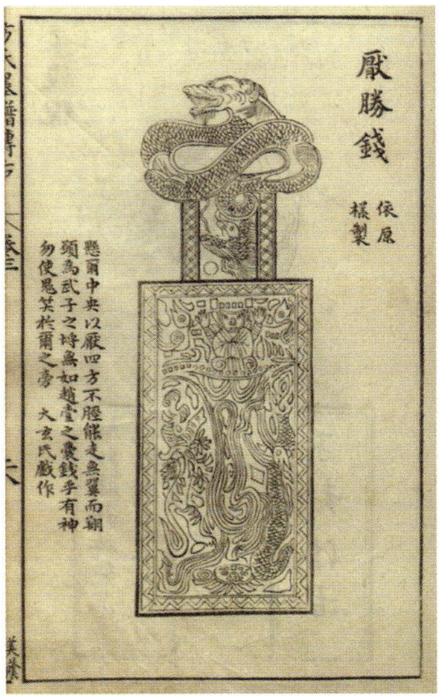

图一一　明代《方氏墨谱》著录的“压胜钱”

总的看，墓葬年代明确者的D型龙首方身铜器年代可早到新莽时期至东汉初期，见于四川地区；而少数延续到了东汉晚期，见于河北和云南等地。

E型：双龙纹，1件。2009年安徽肥东县内采集，一面上部为菱形纹，下部中间为云气纹，左右两侧为双龙纹；另一面满布刺钉，且刺钉呈斜向有规律的排列①（图一二）。其长度为26厘米，超过了其他同类器物至少7厘米。也就是说，此器无论器身纹饰还是尺寸大小都比较特殊。其地域性表明，它是肥东本地的摹仿品，大致有两种可能：要么是汉末三国时期的创新之作，要么是宋代及以后的仿古之作。

图一二　安徽肥东县内采集的E型龙首方身铜器

表二　汉代龙首方身铜器的型式划分

区域	出土地点或收藏单位	A型			B型	C型	D型		E型
		Aa型		Ab型			Ⅰ式	Ⅱ式	
		Ⅰ式	Ⅱ式						
陕西	安康黄土梁汉墓M1	●							
	陕西历史博物馆藏		●						
四川	某地汉墓	●							
	简阳东溪园艺场窖藏							●	
	成都郫县新胜汉墓						●		
	成都中和红苕坡汉墓M70						●		
河南	三门峡后川村汉墓M54			●					
	辉县赵庄汉墓M41					●			
河北	安平汉王公园汉墓M1							●	
	磁县双庙汉墓M23					●			
江苏	扬州沈家山汉墓M54	●							
重庆	云阳旧县坪朐忍县城遗址					●			
	江津白沙师范校汉墓	●							
云南	昭通象鼻岭汉墓							●	
	昆明河泊所青铜时代遗址							●	
甘肃	临夏广河汉墓			●					
	庆阳彭原汉墓	●							
安徽	肥东县内								●

说明：表中的每个●代表1件汉代龙首方身铜器。

① 资料由安徽肥东县博物馆彭余江副馆长提供，谨此致谢。

综合上述类型分析和《类型与用途》归纳的情况来看，目前仍然是 A 型（尤其是 Aa 型）的材料最多，且年代最早，分布最广，延续时间最长。而其余类型出现的年代略晚，数量不多，分布点少，延续时间也短。无疑，A 型（尤其是 Aa 型）是探索龙首方身铜器源流的关键。进一步说，伴随着 A 型（尤其是 Aa 型）龙首方身铜器的对外流通，其他地区出现了模仿品或创新品。至于创新的新类型，除了前面提到的 B、C、D 和 E 型龙首方身铜器以外，目前还发现四种情况。

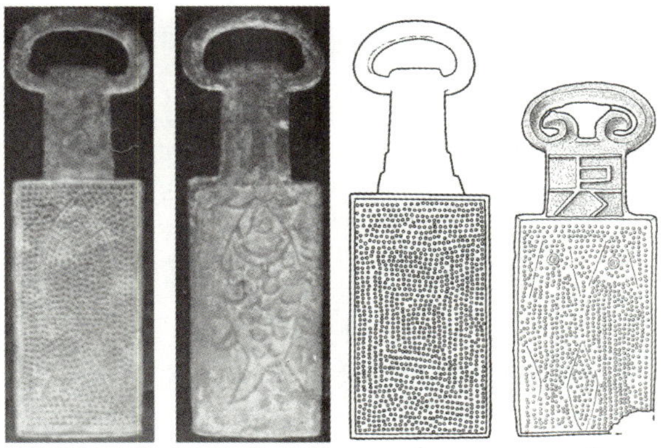

1　　3　　3　　4

图一三　四川出土的环首方身铜器

（1、2. 某地汉墓出土（正反面）　3. 成都新津宝资山汉墓 M292 出土　4. 成都高新区李家山汉墓 M9 出土）

一是四川地区发现的环首方身铜器。已发现 5 件，除了《类型与用途》一文提到荥经和汉源各出土一件以外，还有 20 世纪早期某地汉墓出土的 1 件，藏于华西协和大学古物博物馆（今四川大学博物馆的前身），被命名为“铜压胜钱”，一面满布刺钉，并饰鱼形暗纹，另一面饰鱼纹，长 19.2 厘米，宽 6 厘米①[29]（图一三，1、2）。此器的命名不妥，因为 1938 年泉家丁福保编撰的《古钱大辞典》专门注明了，这类环首方身铜器不是压胜钱[30]。此外有 2018 年成都新津宝资山东汉晚期崖墓 M292 出土的 1 件，原名“铜牌饰”，一面满布刺钉，另一面因锈蚀严重而情况不明，长 18.7 厘米，宽 6.3 厘米[31]（图一三，3）。同年，成都高新区新川科技园李家山西汉晚期至新莽时期岩坑墓 M9 出土的 1 件，原名“铜牌饰”，仅一面的柄部有“巨万”铭文，牌身满布刺钉，并饰双鱼形暗纹，而另一面为平素无纹饰，长 17 厘米，宽 6.9 厘米[32]（图一三：4）。其造型、纹饰和铭文与 2004 年汉源桃坪西汉末年土坑墓 M1 出土那件如出一辙，且大小相近[33]。二者应出自同一作坊或同一工匠之手。

二是河南地区发现的刺钉铁牌。1956 年河南陕县刘家渠东汉晚期墓 M3 出土的那件双面带刺钉的长方形“铁牌”，残长 11.5 厘米，宽 4 厘米，厚 0.4 厘米[34]（图一四）。

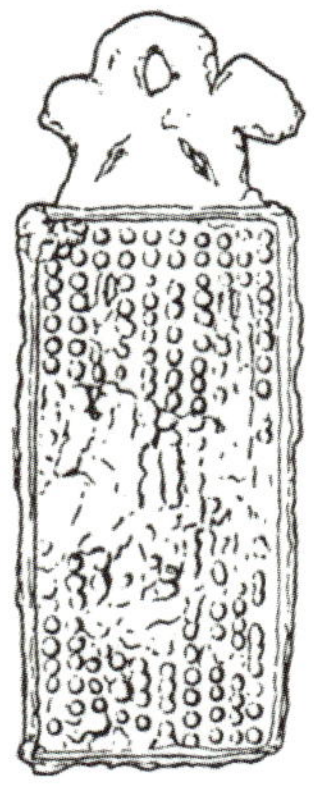

图一四　河南陕县刘家渠汉墓 M3 出土的铁牌

三是重庆地区发现的刺钉铜牌。2012 年云阳营盘包东汉中期墓 M7 出土的那件单面带刺钉的扇形“铜饰件”，残长 10 厘米，宽 5 厘米[35]（图一五）。原简报所谓的“扇形”应该是长方形牌身被挤压变形所致。

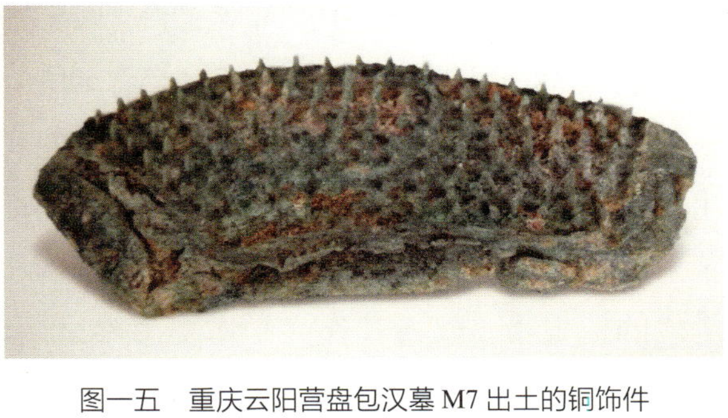

图一五　重庆云阳营盘包汉墓 M7 出土的铜饰件

① 原书图注中的比例 1/2 有误，应为 1/3。

四是广西地区发现的刺钉铜牌。2012年广西合浦李屋村三国时期墓M4出土的单面带刺钉的长方形“铜牌饰”，残长12.7厘米，宽6.3厘米，厚0.4厘米①[36]（图一六）。其长宽大小与龙首方身铜器的方身部分非常相近，且背部中央为植物纹，两侧为龙虎纹，只是柄部已经缺失而已。

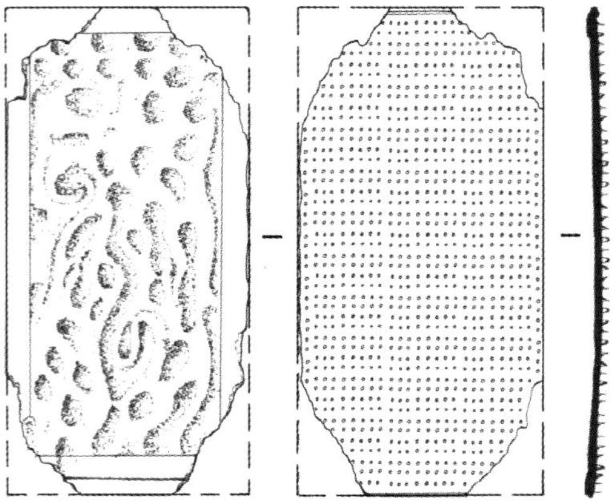

图一六 广西合浦李屋村三国时期墓葬M4出土的铜牌饰

以上四种出土材料的地域性表明，它们都应该是在Aa型龙首方身铜器影响下，各自于本地铸造的创新品。甚至不排除，将来还有其他创新品发现的可能。尤其，在汉文化的边缘区域广西，这类器物的使用年代延续到了三国时期，足见龙首方身铜器的影响范围颇广。

在上述考察过程中，有四个方面的不利因素制约着类型划分：一是部分器物残缺不全；二是部分器物锈蚀严重且未经过除锈清理；三是部分照片或拓片不清楚；四是部分线图不准确。对此，本文根据实际情况尽量进行了调整。

此外，对以下三类龙首方身铜器材料的利用，本文采取了比较谨慎的策略：首先是早期著录器物，在没有可靠参照物来鉴别其真伪和年代的情况下，仅将其作为学术史考察之用，而不作为立论的主要依据。其次是晚期窖藏器物，先根据出土材料来弄清它们究竟是收藏品，还是仿古器。最后是征集或采集的器物，对于有地点背景者，它们的可靠性较高，经鉴别后使用。没有出土器证明的孤例属于惯例之外的特例，则另当别论。

从本个案考察的漫长过程来看，文物研究是充满遗憾的人文学术之一，不仅传统眼学囿于考古材料的匮乏而难免有走眼的时候，而且研究者随时会面临新材料的挑战——既可能补充证据，也可能颠覆认识。无论如何，只有秉承有一分材料说一分话的原则，辅以眼学与科学相结合的文物研究方法，再从出土器物入手进行类型划分，最后兼及上述三类中相对可靠的器物，这样得出的结论才会更加坚实、可信。但凡前述三种情况存在任何可疑之处，均不宜直接采用，留待新材料（尤其是出土材料）验证后方可进行。此乃本文补论的原因之一。

二、用途及匠意来源

现有资料表明，龙首方身铜器失传已久，以至于迄今都无法确定其用途。在科学考古发掘兴起以前，这类器物的图像最早见于宋代《重修宣和博古图》。至于其前身《宣和博古图》是否有此器，因该书早已佚失不得而知。不过，从元版《至大重修宣和博古图》到明版《泊如斋重修宣和博古图》，再到清代四库全书版《重修宣和博古图》的历次翻刻情况来看，虽然版式没有变化，但是器形略有走样。无疑，以丁云鹏为代表的画师手绘是其翻刻走样的重要原因。

另以美国哈佛大学汉和图书馆收藏的明代《泊如斋重修宣和博古图》为例，龙首方身铜器的图释内容明确表示，这类器物是受北宋李孝

① 此线图为笔者根据报告中的照片，在原有线图基础之上改绘而成。

美解释的影响，而采用了“压胜钱”一名[37]（图一七）。相关资料表明，李孝美在《历代钱谱》中认为，有人物图像的龙首方身铜器与唐五代时期的永安五男钱存在两个相似之处：一是有青龙、白虎、朱雀和玄武等四灵图像；二是有粟粒纹。而永安五男钱属于压胜用的花钱，所以龙首方身铜器也因此而得名。该书的影响力较大，致使“压胜钱说”流传甚久。以至于清代的《钦定钱录》《金石索》和《古泉汇》等金石著录均沿用此名。近代以来，仍有个别学者持此看法，比如1957年郑德坤在《四川考古研究》中称华西协和大学古物博物馆收藏的那两件[38]，以及1993年《汉杜陵陵园遗址》考古报告称陕西西安宣帝陵寝园便殿窖藏Y2出土的那件[39]。

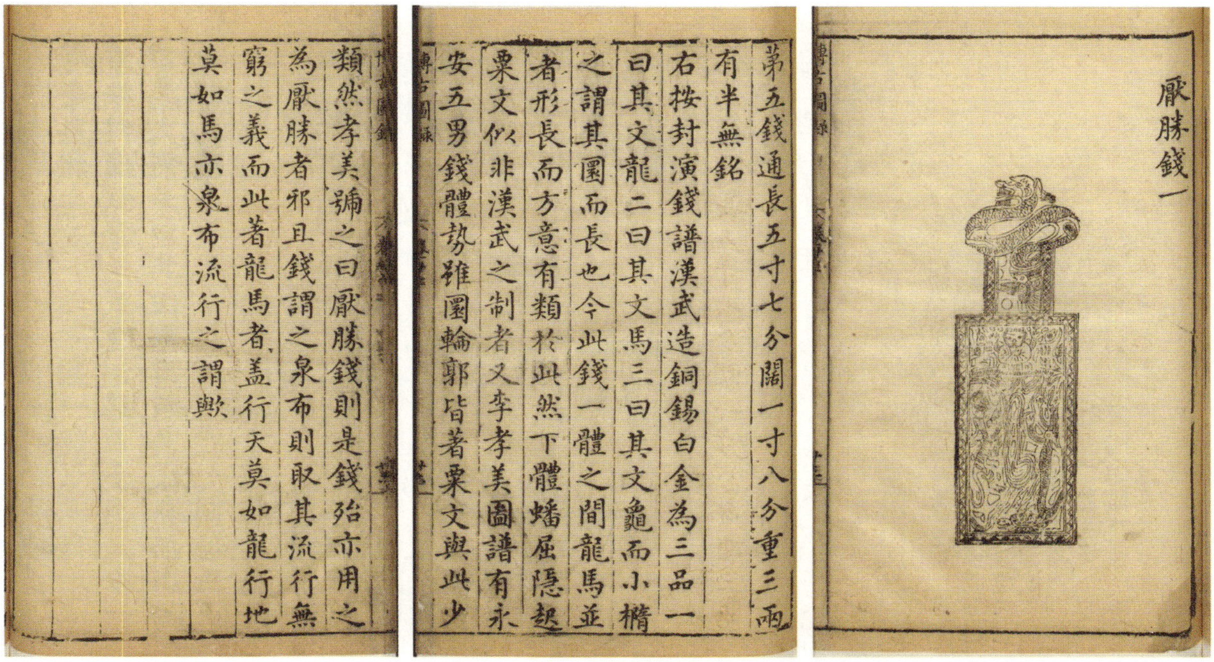

图一七　明代《泊如斋重修宣和博古图录》著录的“压胜钱”

近三十年来，虽然牵强附会的“压胜钱说”逐渐匿迹，但是无论考古报告还是研究论著，在未深究其用途的情况下，绝大多数是以“牌饰”而论。从简报或论著中的名称数量可看出，此说为主流观点。除了《类型与用途》中提到的“铜牌”“铜版”“铜牌饰”“铜牌形饰”“铜佩饰”等名称以外，还有本文新增的“透空铜饰物”“铜龙虎牌”“铜带饰”“铜饰件”“铜令牌”等名称。尤其在“牌饰说”基础上，有少数学者提及或者考证过其具体用法。最初，有学者认为它是信符之类的东西[40]。后来，有学者根据部分器物上的西王母图像，考证其为升仙的凭证，与早期道教有一定关联[41]，并且多次重申此说[42]。此认识还得到了个别学者的认同。[43]

与“牌饰说”不同者，目前学界还有“工具说”。早在1956年，鉴定大家史树青先生率先提出不同意见，认为它是古代工具铜锉。[44]遗憾的是，考古界仅少数学者注意到了史氏的看法。例如，1965年《陕西兴平县出土的古代嵌金铜犀尊》一文称陕西咸阳兴平豆马村东汉窖藏出土的那件为“镂空凤纹龙柄铜锉”[45]，2004年《长安汉墓》考古报告称陕西省交通学校汉墓M31出土的那件为“铜锉”[46]。至于其具体用法，史树青先生没有明确指出。考虑到其体量较小、器身较薄，无法用来加工其他器物。那么，它不可能是生产工具，而只可能是生活用具。在此用途下，学界先后出现了三种不同的具体意见：（1）有学者认为它是磨姜汁蒜泥用的厨房用具[47]；（2）有学者认为它是沐浴搓垢的“硝洗之器”——铜瓌或铜鐀[48]；（3）有学者认为它是梳理马匹毛发的用具——铜马刷[49]。

总的看，学界对龙首方身铜器用途的讨论仍然聚讼纷纭。围绕这个颇具争议的问题，笔者在2017年的考察中基本上赞成“工具说”——铜锉，并在具体用途上略有具象化推进，即认为它是磨锉足底胼胝的“脚错”。为了更好地说明己见，下面再对此看法进行补充说明，并就相关研究方法进行总结。

实际上，龙首方身铜器有何用途这个问题，出土信息和器物特征可为其探究提供一些线索。下面，笔者拟从这两个大的角度对此类器物进行考察，以便逐渐接近其真实用途。

（一）出土信息（表三）

从所属遗迹的类型来看，除了墓葬以外，有少数龙首方身铜器是出自窖藏和遗址的。其中，窖藏有简阳东溪园艺场宋代至明代窖藏，而遗址有云阳旧县坪朐忍县城遗址和昆明河泊所青铜时代遗址。尤其在云阳旧县坪朐忍县城遗址同区域的同地层中，还出土有东汉时期的铜镜、铜环、环权、耳环、带钩、带扣和五铢钱等生活之物。同样，昆明河泊所青铜时代遗址同区域的同地层中，还出土有东汉时期的陶碗、陶罐、铜带钩、铜五铢钱、“益州太守章”封泥和“建伶令印”封泥等生活之物。类似情形见于《类型与用途》一文提到的西安汉宣帝陵寝园便殿井窖Y2。井中大量的生活废弃物表明，当中的龙首方身铜器应为日常生活所用，然后被废弃于井窖之内的。这些都说明，龙首方身铜器既不是随葬的明器，也不是特殊丧葬用具，而是日常生活实用器。

从出土位置和组合关系来看，保存较好的扬州沈家山汉墓M54平面图显示，龙首方身铜器是被放置在西侧边厢当中，共处的器物还有研磨器（原名“石磨”）、漆器和陶器的残片。其余墓葬因被盗扰而无法统计。但总的情况与《类型与用途》一文归纳的相近，即龙首方身铜器基本上是被放置在棺外，且与陶器和漆器等日常生活器在一起。

从使用者性别和身份来看，龙首方身铜器出现在男性墓葬和男女合葬墓当中，应为日常生活当中没有男女之别的中性用器。并且，它们绝大多数是出自墓葬，有土坑墓、砖室墓和崖墓等。其墓葬形制、随葬品组合及数量均表明，使用者属于非富即贵阶层，而并非平民百姓。比如扬州沈家山汉墓 M54，墓内随葬品相当丰富，有漆几、漆耳杯、漆温明、铜樽、铜镜、铜灯、铜熏、铜带钩和琉璃蝉等50余件贵重物品。根据墓葬和器物特征，发掘者推断墓主为中层官吏或富裕阶层，应大致无误。因此，龙首方身铜器不可能是厨房当中“磨汁”的用具。

表三　出土汉代龙首方身铜器的遗存

区域	出土地点或收藏单位	遗存类别	性别	独(合)葬	所处位置	遗存年代
陕西	安康黄土梁汉墓M1	砖室墓	男	独	墓室东侧	东汉早期
	陕西历史博物馆藏	不详	不详	不详	不详	不详
四川	某地汉墓	不详	不详	不详	不详	不详
	简阳东溪园艺场窖藏	窖藏			不详	宋代至明代
	成都郫县新胜汉墓	砖室墓	不详	不详	不详	东汉
	成都中和红苕坡汉墓M70	崖墓	不详	合	墓门外	新莽至东汉初期

续表

区域	出土地点或收藏单位	遗存类别	性别	独(合)葬	所处位置	遗存年代
河南	三门峡后川村汉墓 M54	砖室墓	男女	合	前室中部	东汉中晚期
	辉县赵庄汉墓 M41	砖室墓	男女	合	墓道中部	东汉中晚期
河北	安平汉王公园汉墓 M1	砖室墓	不详	不详	不详	东汉晚期
	磁县双庙汉墓 M23	砖室墓	男女	合	前室后部	东汉晚期
江苏	扬州沈家山汉墓 M54	竖穴土坑木椁墓	男女	合	西侧边厢	西汉晚期
重庆	云阳旧县坪朐忍县城遗址	遗址				东汉
	江津白沙师范校汉墓	不详	不详	不详	不详	不详
云南	昭通象鼻岭汉墓	不详	不详	不详	不详	不详
	昆明河泊所青铜时代遗址	遗址				东汉
甘肃	临夏广河汉墓	不详	不详	不详	不详	不详
	庆阳彭原汉墓	不详	不详	不详	不详	不详
安徽	肥东县内	不详	不详	不详	不详	不详

以上出土信息的梳理，与《类型与用途》一文考察的结果大同小异。这些均可为龙首方身铜器用途的考察缩小一些范围，即可确知它属于权贵之属的日常生活用具，且为没有男女之别的中性用器。

（二）器物特征

龙首方身铜器有三个主要特征：一是形制，二是铭文，三是纹饰或图像。那么，从何处入手探究其用途？这是大家最为关心的问题。

以往，有学者从纹饰或图像的角度考证龙首方身铜器为升仙的凭证[50]。仔细琢磨即可发现，器形才是判定其用途的关键，而纹饰或图像作为装饰，仅为某种文化、观念或者习俗的反映，甚至可能系用途的倾向性反映。类似的情形可以耳杯为例进行佐证。进一步说，耳杯为饮酒器，内部既可以装饰鱼形图像，也可以装饰人物图像（西王母），甚至可以装饰其他图纹或图像。然而，不能因为见到西王母图像，就认定此类耳杯是升仙的用器。

另外，目前所见龙首方身铜器的铭文都是汉代流行的吉语，并无体现其用途的自铭。其中，“常（长）宜□□”这样的四字短语比较通俗，多见于汉代镜铭当中，后缀词汇均与人相关，比如“长宜子孙”“长宜侯王”“长宜公卿”“长宜官秩”“长宜高官”等。而“大利”一语则偶见于铜镜、铜钱、铜鼎和瓦当之上，比如1959年陕西咸阳石桥乡出土的汉代“大利鼎”。[51]

需要专门指出的是，本文所说的用途是指器物的功用（客观），与表示使用目的的用意（主观）不同，需要区别对待。在辨析了上述概念之后，笔者再简要重申《类型与用途》一文中关于器形的认识。

首先，龙首方身铜器有两个重要特征。一是，它有柄，表明可以手持使用。这与目前所能见到的汉代方形铜牌饰相去甚远。二是，方身的一面或者两面有突起的刺钉。这是认识其用途的关键。通过仔细观察我们可以发现，有的刺钉像刚针一样尖锐，有的刺钉则像乳钉一样圆钝；有的刺钉明显高出周围的边框，有的刺钉则基本上与边框平齐。将这两个方面的差异结合起来看，它们前后两种不同情况应该是使用时间长短不同的结果。这就表明，龙首方身铜器不是牌饰，而是工具。此认识是基于笔者 2013 年 12 月在华阴西岳庙对刘琦墓出土那件龙首方身铜器的实物观察所得。

其次，龙首方身铜器的刺钉排列较零乱，不可能是梳理马毛的刷子。特别是，大部分器物的方身都采用了暗纹或者镂空的设计，表明其在使用过程中具有藏、漏碎屑之用。但它不可能是沐浴搓垢的"硝洗之器"，因为汉代人们所使用的搓垢用具只有"瓲瓦"和"浮石"，即东汉许慎《说文解字》所说的"瑳垢瓦石也"[52]。

值得注意的是，在汉代日常生活铜器当中，四川地区环首方身铜器上的鱼纹只见于西汉末期至东汉晚期的铜盆（或称"铜洗"）和铜耳杯之上，比如 1987 年四川宜宾崖墓出土的东汉早期双鱼纹铜盆[53]和 2003 年重庆云阳李家坝遗址出土的东汉晚期鱼纹铜耳杯[54]。这种情形正好与 Aa 型龙首方身铜器之上的朱雀纹如出一辙，比如 1989 年山东安丘窖藏出土的新莽时期朱雀纹铜盆[55]和 2004 年重庆巫山土城坡汉墓出土的东汉中期朱雀纹铜耳杯[56]。而铜盆和铜耳杯都属于水器。如此，纹饰载体的特殊性或可表明，龙首方身铜器在使用过程中应该是与水有关。

（三）匠意来源

上述几个方面的分析如若无误，那么它不仅逐步缩小了龙首方身铜器用途推断的范围，而且为进一步推断指明了方向。具体而言，既然此类器物的使用与水有关，且为具有磨锉之用的日常实用工具。笔者认为，其用途最有可能是磨锉足底胼胝的"脚错"，理由如下。

汉代医学文献资料表明，人的足跟部位容易产生一种名为"胼胝"（俗称"老茧"）的皮肤疾病，颇影响美观和舒适。《诸病源候论》卷三十《四肢病诸候》之"手足发胝候"记载，"人手足忽然皮厚涩而圆短如茧者，谓之胼胝。此由血气沉行，不荣其表，故皮涩厚而成胝。"[57]这就需要刮去增厚的部分。正好，龙首方身铜器上的刺钉可以磨错增厚的角质层。这与东汉以后采用浮石磨脚的方法一致。明代李时珍所著《本草纲目》中引述晋代刘欣期的《交州记》记载："海中有浮石，轻虚可以磨脚。"[58]其治疗的程序是，先用热水浸泡软化胼胝，然后再磨错除皮。但它不属于专门的医疗器具，而是部分权贵之属的个人日常生活护理工具。出于避讳的需要，文献当中并无任何记载。

尤其，云南江川李家山汉墓群中的几件带刺铜器或许可以佐证上述用法。1972 年，江川李家山第一次发掘出土有 4 件带柄者，原名为"铜刷形器"。[59]其中，M22、M23 和 M24 各出土一件，形制和大小均相同，通体似饭勺，两面装饰有线刻花纹，柄部较长，椭圆形的器身呈内凹状，中间有整齐排列的刺钉，通长 22.8 厘米（图一八，1）。M17 出土 1 件，柄部已经残缺，一端为蹲坐的滇民人像，手握芭蕉叶柄，叶身近似椭圆形，中间内凹，并铸有刺钉，残长 19 厘米（图一八，2）。原简报并未指明它们的用途，仅将其暂时归入"纺织工具"一类。因为撰者发现它们与纺织工具共存，觉得可能也与纺织活动有关。但据笔者观察，这些器物有一个共同的特征——带刺钉的部分呈内凹状，造型与圆弧形的脚后跟非常吻合。另外，与之用法相同者，同期发掘的江川李家山汉墓 M21 还出土一件可以直接手握的带刺铜器，整体为蝉形，背部线刻纹饰，长 7.8 厘米（图一八，3）。很可能，它们都是磨脚器。

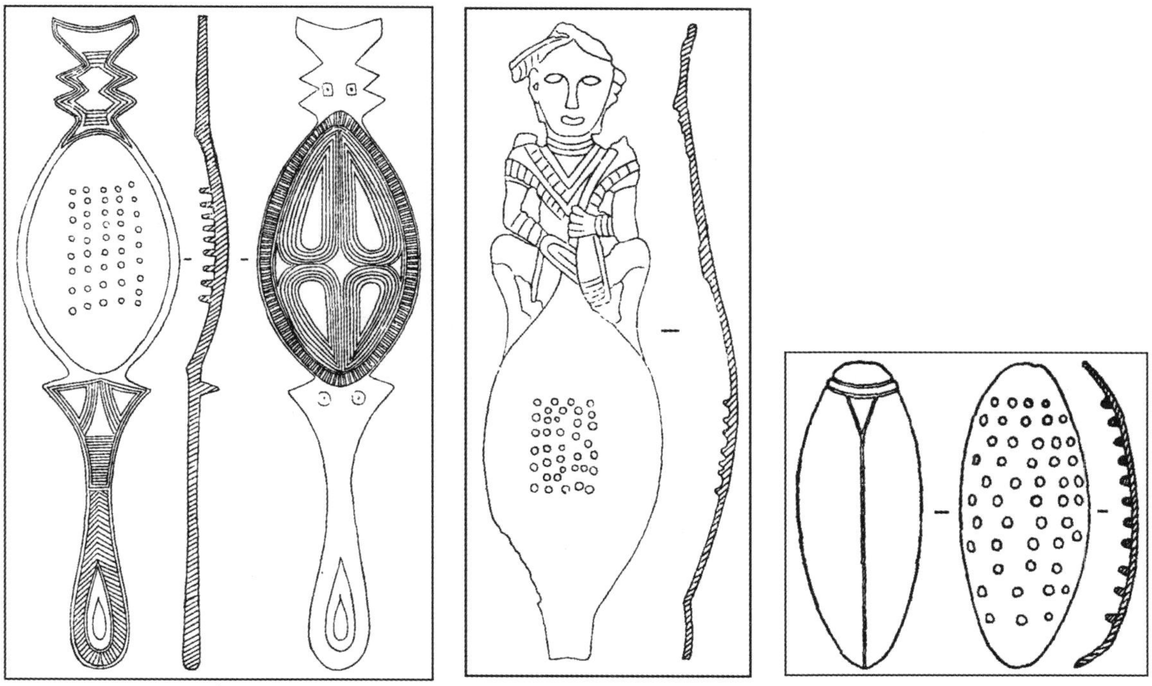

图一八　云南江川李家山汉墓群出土的带刺铜器
（1. M22、M23 和 M24 各出土 1 件　2. M17 出土　3. M21 出土）

而以上几件器物的使用者信息与龙首方身铜器的相符。一是墓主的性别既有男性，如 M21 和 M24；也有女性，如 M17、M22 和 M23，说明这类器物是没有男女之别的日常生活用器。二是墓主的身份都为滇王的臣属或者宗族，这类器物的使用者无疑均为权贵之属。不过，江川李家山汉墓群那几件带刺铜器的年代较早，应在汉武帝时期以前，故可视为龙首方身铜器的匠意来源之一。

总的说，器形决定"好用"，因为它整件器物才具有实用性，是判定龙首方身铜器用途的关键。而器身纹饰或图像决定"好看"。缘因它既能起到装饰美观作用，又是某种文化、观念或者习俗的反映。另外，器身铭文则是吉祥的祝福语，旨在反映使用者的美好心愿。形本图（文）末显而易见，希望大家不要再重蹈本末倒置的覆辙。此乃本文补论的原因之二。

三、结语

综上考察并结合《类型与用途》一文的分析可见，汉代龙首方身铜器的类型相当丰富，并以 Aa 型居多。它们主要流行于西汉晚期至东汉中晚期。在其影响下，有些地方不仅产生了 B 型（本文暂缺）、C 型、D 型和 E 型等龙首方身铜器，而且出现了四种地域性的创新品。尤其，带有人物图像的 D 型龙首方身铜器的正式出土，弥补了此前类型认识的不足。但这并不能证明，其他带有西王母图像的同类器也是汉代的真品。至少，著录中有长城纹饰者属于宋代及其以后的仿古之作，系伪器中比较特殊的一类。那么，对于金石著录中龙首方身铜器的拓片和线图，需谨慎对待。东汉晚期以后，龙首方身铜器在汉文化中心区域基本上不再出现，但边缘地区还有少数此类器物或者仿制品，应该是汉文化滞后性的表现之一。

汉代龙首方身铜器之所以制作得如此精美，应该是为了迎合权贵阶层的审美和功能需要而专门设计的。但它既不是随葬的明器，也不是特殊丧葬用具，而是日常生活实用器。其具体用途既非随身的牌饰，更不是升仙的凭证，而是具有磨锉功能的铜锉，且很可能是用于磨错脚底胼胝的脚错。这类器物的匠意来源之一，可能与西汉早期滇文化中带柄、带刺的铜器有关。总之，汉代龙首方身铜器的用途（功用）由器形决定，而器身的纹饰、图像或铭文仅为装饰之用，考察时需分清本末主次。

参考文献：

[1] 苏奎. 汉代龙首方身铜器的类型与用途 [J]. 华夏考古，2017（4）：93－104.

[2] 李正光. 汉代漆器艺术 [M]. 北京：文物出版社，1987：156.

[3] 扬州博物馆. 江苏邗江姚庄 101 号西汉墓 [J]. 文物，1988（2）：19－43.

[4] 孙机. 几种汉代的图案纹饰 [J]. 文物，1982（3）：63－69.

[5] 扬州博物馆. 江苏邗江县姚庄 102 号汉墓 [J]. 考古，2000（4）：50－65.

[6] [29] [38] Cheng Te-Kun. Archaeological studies in Szechwan [M]. Cambridge：Cambridge University Press，1957：265.

[7] 庆阳市博物馆. 庆阳博物馆文物精品图集 [M]. 庆阳：庆阳市博物馆，2012：158.

[8] 扬州市文物考古研究所. 江苏扬州瘦西湖新苑三期汉代墓葬发掘简报 [J]. 东南文化，2021（4）：43－52.

[9] 安康地区文管会. 黄土梁两汉墓葬清理 [J]. 考古，1991（1）：47－51.

[10] 安康博物馆. 脉源安康——安康古代文明陈列 [M]. 北京：世界图书出版公司，2020：106.

[11] 洛阳市文物工作队. 洛阳吉利区东汉墓发掘简报 [J]. 文物，2001（10）：52－59.

[12] 姬广武、张成荣. 中国马文化·驯养卷 [M]. 兰州：读者出版社，2019：145.

[13] 河南省文物考古研究院，三门峡市文物考古研究所. 河南三门峡后川村东汉墓 M54 发掘简报 [J]. 黄河·黄土·黄种人，2021（11 下）：6－11.

[14] 吉林省文物考古研究所，等. 云阳旧县坪遗址 2003 ～ 2004 年度发掘简报 [G] //重庆市文物局，重庆市水利局. 重庆库区考古报告集· 2003 卷. 北京：科学出版社，2019：2084.

[15] 宁夏文物考古研究所，河南省文物局南水北调文物保护办公室. 河南辉县赵庄墓地东汉墓发掘简报 [J]. 中国国家博物馆馆刊，2022（1）：49－78.

[16] 南水北调中线干线工程建设管理局，河北省南水北调工程建设领导小组办公室，河北省文物局. 磁县双庙墓群考古发掘报告 [M]. 北京：文物出版社，2017：49.

[17] 四川大学考古文博学院，成都文物考古研究院. 四川省成都市中和镇红砻坡汉六朝崖墓发掘简报 [G] //四川大学博物馆，四川大学考古文博学院，成都文物考古研究院. 南方民族考古（第二十五辑）. 北京：科学出版社，2022：102.

[18]（清）李佐贤. 古泉汇卷三：贞集 [M] //续修四库全书：第 1112 册. 上海：上海古籍出版社，1995：680.

[19] a. 张晓峥. 2012 年河北安平县汉王公园东汉墓葬 [G] //河南省文物考古研究院，山东省文物考古研究院，安徽省文物考古研究所，等. 黄淮七省考古新发现（2011-2017 年）（上）. 郑州：大象出版社，2019：460－462.

b. 王晓岩，王自媛. 衡水市第一次全国可移动文物普查成果汇编 [M]. 石家庄：河北人民出版社，2017：10.

[20] 张才俊. 四川简阳东溪园艺场元墓 [J]. 文物，1987（2）：70－87.

[21] 黄晓枫. 四川简阳东溪园艺场遗迹性质与年代探讨 [J]. 考古与文物，2013（3）：80－100.

[22] 昭通市文管所. 昭通田野考古 [M]. 昆明：云南人民出版社，2012：244.

[23] 云南省文物考古研究所，昆明市晋宁区文物管理所. 云南昆明市河泊所青铜时代遗址 [J]. 考古，2023（7）：60－78.

[24]（宋）王黼. 重修宣和博古图：卷 27 [M] //文渊阁四库全书：第 840 册. 台湾：台湾商务印书馆，1983：1156.

[25]（清）梁诗正等. 钦定钱录：卷 16 [M] //文渊阁四库全书：第 844 册. 台湾：台湾商务印书馆，1983：196.

[26]（清）冯云鹏，冯云鹓. 金石索：卷 4 [M] //续

修四库全书：第 894 册. 上海：上海古籍出版社，1995：202.

[27] 成都文物考古研究所，青白江区文物管理所. 成都市青白江区大同镇宋代窖藏发掘报告 [G] //成都文物考古研究所. 成都考古发现（2012）. 北京：科学出版社，2014：568.

[28]（明）方于鲁. 方氏墨谱：卷 3 [M]. 刻本. 方氏美荫堂，1588（明万历十六年）：28.

[30] 丁福保. 古钱大辞典（上册）[M]. 北京：中华书局，1982：1124.

[31] 重庆师范大学历史与社会学院，成都文物考古研究院. 四川新津县宝资山墓群四座汉代崖墓的发掘 [J]. 考古，2020（11）：29−47.

[32] 四川大学考古文博学院、成都文物考古研究院. 成都市高新区黄家官山 M8 和李家山 M9 的发掘 [J]. 考古，2024（1）：51−71.

[33] 四川省文物考古研究院等. 四川汉源桃坪遗址及墓地发掘报告 [J]. 四川文物，2006（5）：3−24.

[34] 黄河水库考古工作队. 河南陕县刘家渠汉墓 [J]. 考古学报，1965（1）：107−167.

[35] a. 重庆市文物考古所，云阳县文物管理所. 云阳营盘包墓群 2011 年、2012 年发掘简报 [G] //重庆市文物局，重庆市文化遗产研究院. 重庆三峡后续工作考古报告集（第一辑）. 北京：科学出版社，2019：135.

b. 重庆市文物考古研究院、重庆文化遗产保护中心. 三峡后续考古发现（第一卷）[G]. 成都：四川大学出版社，2022：235.

[36] 广西文物保护与考古研究所，合浦县文物管理局. 2009—2013 合浦汉晋墓发掘报告 [M]. 北京：文物出版社，2016：283.

[37]（宋）王黼. 泊如斋重修宣和博古图录：卷 27 [M]. 刻本. 泊如斋，1603（明万历三十一年）：23−27.

[39] 中国社会科学院考古研究所. 汉杜陵陵园遗址 [M]. 北京：科学出版社，1993：61.

[40] 湖南省文物考古研究所，永州市芝山区文物管理所. 湖南永州市鹞子岭二号西汉墓 [J]. 考古，2001（4）：45−62.

[41] 吴小平. 汉代方形牌饰的初步研究 [J]. 考古，2013（10）：91−98.

[42] a. 吴小平. 两汉时期云贵地区汉文化的考古学探索 [M]. 杭州：浙江大学出版社，2018：127. b. 吴小平. 再论汉代方形铜牌——与《汉代龙首方身铜器的类型与用途》商榷 [J]. 华夏考古，2021（3）：73−78.

[43] a. 毕洋，申歆梦，唐静. 汉代带柄方身器研究 [G] //吉林大学边疆考古研究中心. 边疆考古研究（第 27 辑）. 北京：科学出版社，2020：279−302.

b. 毕洋，夏保国，原媛. 汉代带柄方身器纹饰与图像探研 [J]. 南京艺术学院学报（美术与设计），2023（4）：64−71.

[44] 史树青. 关于“桥形币”[J]. 文物，1956（7）：60−62.

[45] 陕西省考古研究所. 陕西兴平县出土的古代嵌金铜犀尊 [J]. 文物，1965（7）：12−19.

[46] 西安市文物保护考古所，郑州大学考古专业. 长安汉墓 [M]. 西安：陕西人民出版社，2004：442.

[47] 周萼生. 对关于“桥形币”一文中长方形铜牌名称的商榷 [J]. 文物，1956（10）：70.

[48] 安康地区文管会. 黄土梁两汉墓葬清理 [J]. 考古与文物，1991（1）：47−51.

[49] 程永建. 东汉长方形铜饰考 [N]. 中国文物报，1999−2−21.

[50] 吴小平. 汉代方形牌饰的初步研究 [J]. 考古，2013（10）：91−98.

[51] 韩建武. 陕西历史博物馆藏东周秦汉有铭铜器丛考 [J]. 文博，2016（3）：50−56.

[52]（清）段玉裁. 说文解字注 [M]. 杭州：浙江古籍出版社，1998：639.

[53] 何泽宇. 宜宾市出土东汉纪年铜洗 [J]. 四川文物，1988（4）：19−20.

[54] 四川大学考古学系，重庆市云阳县文管所. 云阳李家坝遗址 IV 区汉六朝墓葬发掘简报 [G] //四川大学博物馆，四川大学考古学系，成都文物考古研究所. 南方民族考古（第八辑）. 北京：科学出版社，2012：415.

[55] 安丘县博物馆. 山东安丘发现一处铜器窖藏 [J]. 文物，1990（8）：95−96.

[56] 武汉市文物考古研究所，巫山县文物管理所. 重庆巫山土城坡墓地 2004 年发掘简报 [J]. 江汉考古，2009（2）：24−55.

[57] 南京中医学院. 诸病源候论校释（上册）[M]. 北京：人民卫生出版社，1980：832−833.

[58]（明）李时珍. 本草纲目校点本（上册）[M]. 北京：人民卫生出版社，1982：576.

[59] 云南省博物馆. 云南江川李家山古墓群发掘报告 [J]. 考古学报，1975（2）：97−155.

阳燧的器型及功能性初探①

郎 莉 杨 愫 高 磊②

摘 要：阳燧即铜质凹面镜，是运用凹面镜聚光原理用以取火的工具。在考古发掘中，其时空分布非常广泛，出土地点遍及全国十多个省市，自西周至明清几乎都有发现。本文于公开资料中搜集出土阳燧信息，发现其外形演变与铜镜相似；通过对其器型特征、出土情境、铭文释读等方面的讨论，认为其主要具备实用、装饰和驱邪三大功能。作为一种功能镜，对阳燧的讨论既是铜镜研究的补充，亦可帮助人们更好地理解古代先民的生活习惯和精神世界。

关键词：阳燧；时空分布；分类特征；功能性质

一、何为阳燧?

阳，太阳也。燧，取火器。顾名思义，阳燧即为利用太阳取火的工具。因其材质，阳燧又名金燧，出现于青铜器铸造技术成熟以后。目前最早的记载见于《礼记·内则》，子事父母，左佩金燧；妇事舅姑，右佩木燧。③

关于阳燧的外形特征，文献记载有两种，一为北宋沈括《梦溪笔谈》："阳燧面洼，以一指迫而照之则正；渐远则无所见；过此遂倒。"即为凹面镜。二为《淮南子》记载的"金杯无缘者"④。此外，《太平御览》记载了一种"阳燧樽"，考古也出土了较多带"阳燧"字样的砖石题刻等。据学者研究，前者是因为漏斗的盘形口形似阳燧而得名[1]，后者则是阳遂在特定环境中与其他图文或实物语义混合的产物，用以表明对他人的美好愿望[2]。

阳燧最基础的功能为取火，"晴则以金燧取火于日"[3]。因其向日取火的神秘特征，更多地与祭祀联系在一起。《周礼·秋官·司寇》中记载："司烜氏掌以夫遂取明火于日，以鉴取明水于月，以共祭祀之明粢、明烛，共明水。"[4]东汉⑤、唐代⑥也有记载，祭祀所用明火均以阳燧取得。可见古人认为与普通的取火方式相比，

---

① 郎莉，重庆市文物考古研究院（重庆文化遗产保护中心）文博馆员。杨愫，重庆市文物考古研究院（重庆文化遗产保护中心）文博馆员。高磊，重庆市文物考古研究院（重庆文化遗产保护中心）文博副研究馆员。

②课题名称：科技考古新方法复原明代川渝人群历史——以璧山生基嘴墓群为例（课题号：cstc2022jxjl0130）。

③ 杨天宇撰：《礼记译注》，上海：上海古籍出版社，2004."子事父母，鸡初鸣，咸盥漱，栉縰笄总，拂髦冠緌缨，端韠绅，搢笏。左右佩用，左佩纷帨、刀、砺、小觿、金燧，右佩玦、捍、管、遰、大觿、木燧，逼，屦着綦。妇事舅姑，如事父母。鸡初鸣，咸盥漱，栉縰笄总，衣绅。左佩纷帨、刀、砺、小觿、金燧，右佩箴、管、线、纩，施縏帙，大觿、木燧、衿缨，綦屦。"

④《淮南子·天文训》："故阳燧见日则燃而为火。"汉高诱注："阳燧，金也。取金杯无缘者，熟摩令热，日中时，以当日下，以艾承之，则燃得火也。"

⑤《汉旧仪补遗·卷下》记载："皇帝唯八月饮酎，车架夕牲，牛以绛衣之，皇帝暮视牲，以鉴燧取水于月，以阳燧取火于日，为明水、火，左袒以水沃牛右臂，手持鸾刀以切牛尾之毛，荐之而即更衣巾，侍上熟，乃祀之。"（孙星衍《平津馆丛书》本）

⑥《旧唐书·礼仪志》记载："比年祭祀，皆用阳燧取火应时得。"（《摛藻堂四库全书荟要》本）

向日取火更能显示出对祖先、神灵的敬重。

凹面镜取火需要确定焦点的位置，焦点的位置取决于凹面镜的曲率大小，通俗一点来讲，凹陷程度越深，焦距越小。沈括记载阳燧焦距为“一二寸”，北宋时期一两寸约3～6厘米。

二、阳燧的发现与时空分布

阳燧发现数量不多，经初步统计，共45面（有公开发表的图片或文字资料），出土地点遍布全国十多个省市，包括黑龙江、辽宁、北京、天津、山东、山西、河南、陕西、江苏、安徽、上海、浙江、湖南、重庆。（图一）年代涵盖西周、春秋战国、汉、唐、宋、明时期。鉴于阳燧与铜镜在分类辨识方面存在一定难度以及部分考古工作者的认知差异，不少发掘者为谨慎起见，多不直接命名阳燧，而是称之为圆形镜饰、盖形器、铜弧面形器、圆形铜片等。所以，阳燧实际面世数量应当远不止文中所涉及数量，其空间分布也应不止文中所涉及省市。

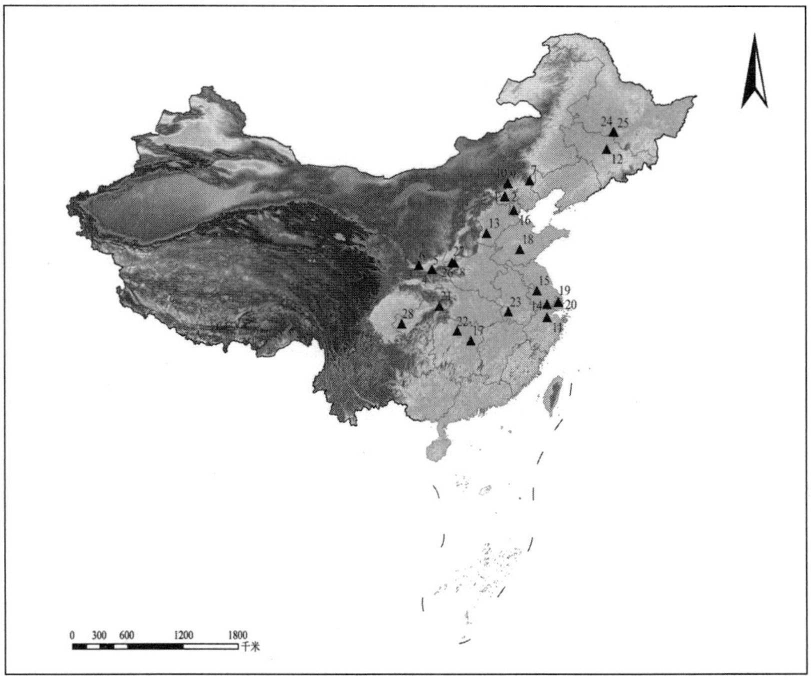

图一　阳燧分布示意图

1. 昌平白浮西周墓 M2　2. 昌平白浮西周墓 M3　3. 扶风黄堆 M60　4. 西安张家坡西周墓地 M170　5. 西安张家坡西周墓地 M303　6. 扶风县庄白刘家村　7. 昭乌达盟宁城县南山根石椁墓　8. 陕县上村岭 1052 虢国墓　9. 丰宁满族自治县土城沟道下抢救性发掘石板墓　10. 丰宁满族自治县土城镇四间房村三丫头沟　11. 绍兴 306 号战国墓　12. 吉林市郊区猴石山石棺墓　13. 邢台内丘县征集　14.1988 年苏州邗江县甘泉乡姚庄 M102　15. 扬州博物馆征集　16. 天津博物馆藏　17. 长沙收藏　18. 新泰市青年路东侧　19～20. 上海市文物库收到　21. 巫山巫峡秀峰村墓地 M5　22. 常德旧城改造发现　23. 安徽怀宁县良湖村抢救性发掘发现墓葬　24. 阿什河公社双城大队　25.1964 年白城遗址　26. 三门峡青少年活动中心工地　27. 三门峡万都大厦　28. 璧山区生基嘴墓群 M9－4

三、阳燧的分类与时代特征

从搜集到的资料来看，阳燧依据形制可分为两大类，有柄阳燧及无柄阳燧。有柄阳燧较少，仅6面，时代均属宋明时期；无柄阳燧又可分为两类，方形阳燧和圆形阳燧，其中方形阳燧3面，有图片或明确文字描述为圆形或近圆形阳燧共31面。圆形阳燧根据钮的位置又可细分为两类，周缘带穿及镜背带钮。阳燧依据纹饰可分为四类：素面、动物纹、植物纹、几何纹。动物纹又有龙纹、虎纹、凤鸟纹及海兽图案；植物纹则多为间饰的草叶纹；几何纹多饰在外缘。

无论是形制还是纹饰，阳燧与铜镜的发展演变历程都较为一致。铜镜研究中也多将阳燧作为铜镜的一种，认为其是一种功能镜。

1. 秦汉以前，阳燧器型以圆形为主，镜背带钮，纹饰多为龙纹、凤纹、虎纹，辅以浮雕的表现方式，流行地纹上饰主纹。闻名的虢国太子墓出土的阳燧镜，纹饰便为虎鸟缠虺纹。[5]又如浙江绍兴 M306 出土阳燧镜，即以细密小点为地纹，主纹为环布周缘的四条奔龙。[6]

2. 两汉时期，延续战国时期的器型和纹饰风格，出现草叶纹，东汉时流行刻铸铭文。苏州邗江县甘泉乡姚庄西汉木椁墓出土阳燧背部以蟠螭纹为主，间饰草叶形图案。[7] 天津博物馆馆藏的一枚阳燧镜正面铭文："宜子先（孙），君子宜之，长乐未央。"背面铸"五月五丙午，夫燧可取天火保死祥兮"。[8]

3. 唐五代时期，器型厚重，饰以瑞兽、繁花，出现方形阳燧。国家博物馆馆藏的一件方形阳燧，中心微凹成一圆池，池边有凸起重轮，重轮外四边各有一雄狮，昂首张口，长尾上翘作奔驰状，狮纹空隙饰五瓣花朵。另民间私人收藏有一件方形阳燧，四角各有一海兽，应为唐末五代所制。[9]

4. 宋金时期，流行带柄阳燧镜，纹饰由唐五代时期的繁复华丽趋向简单，出现圆形周缘带穿阳燧。如黑龙江阿什河公社双城大队出土的花瓶柄阳燧镜 [10]；白城遗址出土的线刻观音像阳燧镜 [11]。

5. 明清时期，器型延承前代，纹饰进一步简化，多见素面。如重庆璧山生基嘴墓群和河南三门峡万都大厦出土的素面带穿阳燧镜 [12]。

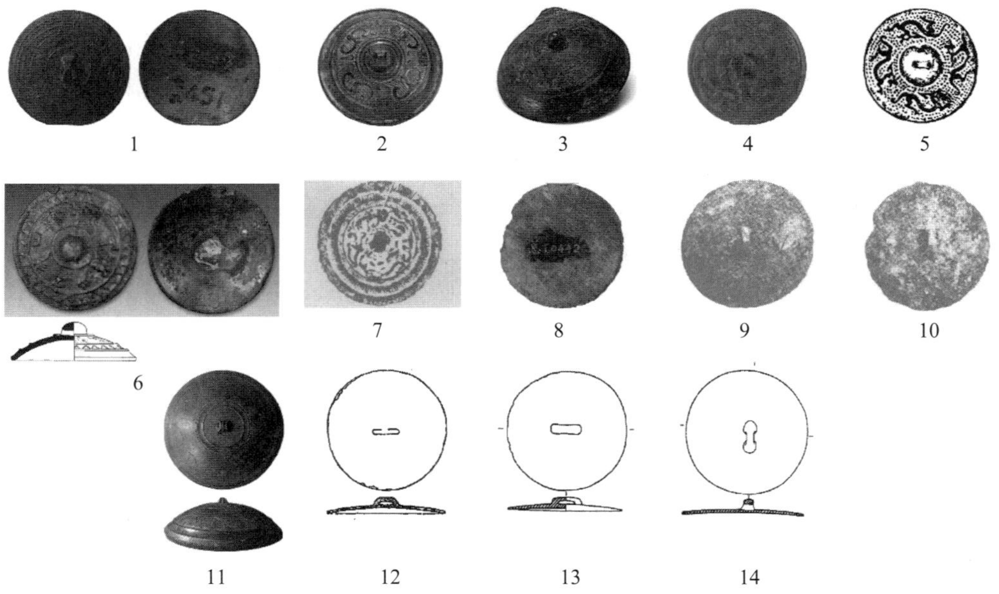

图二　圆形阳燧

1. 扶风黄堆 M60:7　2. 江苏邗江县姚庄 M102:40　3. 天津博物馆馆藏　4. 虢太子墓 M1052:56　5. 绍兴 M306:19　6. 山东新泰青年路东侧墓葬出土　7. 巫山巫峡秀峰村墓地 M5:6　8. 河北丰宁土城东沟道下石板墓 M1:1　9、10. 辽宁昭乌达盟宁城县南山根石室墓 M101:129、9　11. 私人收藏　12. 昌平白浮西周墓 M3:30　13. 张家坡西周墓地 M303:8　14. 张家坡西周墓地 M170:061

图三　圆形、方形、带柄阳燧

1. 重庆璧山生基嘴墓群 M9－4：4　2. 1964 年白城遗址出土　3. 2013 年三门峡万都大厦出土　4. 1973 年阿什河公社双城大队出土　5. 2014 年三门峡青少年活动中心工地出土　6. 国家博物馆藏　7. 安徽怀宁县文物管理所藏

四、性质及功能研究

有学者认为阳燧的性质功能经历了从祭祀取火到风水吉祥物的变化[13]。诚然，早期阳燧的出现更多地与祭祀取火联系在一起，但是据《周礼》的记载，左佩金燧、右佩木燧也属于士大夫阶层的一种日常用品，并不仅仅只有在祭祀取火时使用；甚至到了清代，依旧有诗人写道："敲火颓垣中，枯桑发阳燧。"这些都表明阳燧取火的基本功能一直在沿用。至于其在道教中是否发挥着风水相关的作用，仍有待商榷，实际上，铜镜与道教的结合比阳燧更加紧密，目前发现的铜镜中有大量镜背纹饰为神仙人物、太极八卦、求仙问道等图案，民间也流传镜子具有照妖现行、驱邪除鬼等作用，至今西南地区的家庭仍有在门口悬挂一枚镜子的习俗。因此，以下将结合阳燧的器型、出土情境、铭文等方面共同探讨阳燧的功能性质。

（一）器型特征

前文提到阳燧器型大致可分为以下几类：有柄阳燧，无柄方形、圆形阳燧。器物的功能性讨论受其造型特征影响。

宋代出现了大量的带柄铜镜，作为与铜镜器型相似的阳燧也受到影响开始铸柄。有学者认为带柄阳燧功能两用：凸面照容、凹面取火，带柄是为了手持方便[14]。目前发现的有柄阳燧共 6 面，时代均为宋明时期。其中两面据钱临照先生研究，器型单薄、镜面粗糙，并非实用器，而是宋代"好奇之士"依据古籍制造。[15]余者，出土于黑龙江省阿城县的为花瓶柄阳燧，湖南常德收藏的为宫扇形阳燧[16]，以及私人收藏的两面带柄凹凸双面镜[17]，曲率较小，凸面用于女子照容较为合理。

无柄方形阳燧目前见于公开资料的仅3面，时代在唐及唐以后，造型均为方台中间向下凹陷如圆池，四周雕刻纹饰，造型精美，器型较厚重。从这些特征来看，方形阳燧作为取火用具的实用价值不高，象征意义居多。而方形的造型很容易使人联想到与阳燧相对的方诸。古人讲究阴阳调和，有阳必有阴、有火必有水。《论衡・乱龙》载："今伎道之家，铸阳燧取飞火于日，作方诸取水于月。"[18]《淮南子》中的《天文训》[19]和《揽冥训》[20]也有关于方诸取水于月的记载。而在周时，取水于月的器物为鉴，经由东汉经学大家郑玄的注解"鉴，镜属，取水者，世谓之方诸"[21]，才将鉴与方诸等同起来，两者的共通之处为承接露水。而到了唐代，方诸的形制又发生了转变，《旧唐书》记载："今司宰有阳燧，形如圆镜，以取明火；阴鉴形如方镜，以取明水。"[22]因此称此三枚方形阳燧为阴燧或方诸更为合理。而正是基于阴燧形制的不断变化，加之“以阴鉴取水，未有得者”[23]，故而其数量上要远少于阳燧。

无柄圆形阳燧数量相对较多，除未有图文记录、形制不甚明确的5面外，可以确定为圆形或近圆形的共有31面。其中，背部带钮者最多，共27面；周缘带穿者共3面；无钮无穿者共1面。阳燧器型多来源于铜镜，故下文将结合铜镜的使用方式来探讨阳燧的形制如何影响其使用方式。首先是背部带钮，有学者研究认为，不论是记载还是考古发掘资料均可以证明镜背带钮多是为了穿绳系带，便于手持。[24] 其次为边缘带穿形，此形制易于引线悬挂，多见于墓室内，具有驱邪除恶的功能[25]。3枚带穿阳燧中仅1枚有明确出土位置，该枚阳燧出土于重庆市璧山区生基嘴墓群M9-4。该墓为石室墓，墓室上部被破坏，顶部不存，阳燧发现于墓室中部偏左的积土内（即对应藻井位置）。与其余分布在墓底的随葬品不同，该枚阳燧很有可能原本悬挂于墓室顶部，后因系带腐败而掉落在墓室内的积土中。阳燧相较于铜镜多了聚光取火的功能，《道法会元》记载：“昼以火镜对太阳则取火，夜以水镜对太阴则取水。”[26] 此处火镜即为阳燧。又载：“法官以雄黄书天丁真形符于镜心，悬之病人帐上，以水一盆，向床前对照火镜。念天丁二品咒各九遍，布炁镜上，想为火铃宫阙，镇住鬼门，无敢干犯。”[27] 可见在道家眼中，阳燧是镇邪除恶的一种法器。而民间风俗将其简化吸收，以悬挂阳燧来保护墓主人不受妖邪侵扰也符合情理。

（二）出土情境

45面阳燧镜中共有8面有明确的出土时摆放位置说明，分列如下：

表　阳燧在墓葬中的摆放位置一览表

序号	出土地点	时代	摆放位置
1	昌平白浮西周墓M2	西周	椁内东北角，与车马铜器放在一起
2	昌平白浮西周墓M3	西周	椁内北部，头前
3	扶风黄堆60号墓	西周	墓主人左腹以左，左肘内侧，人骨右臂越过躯干左伸，右手覆于其上
4	丰宁满族自治县土城沟道下抢救性发掘石板墓	春秋晚期	墓主人头部
5	绍兴306号战国墓	战国	壁龛下土台西段漆痕范围内，与月牙形小玉璜及零星松石珠、玛瑙等物一起
6	山东新泰青年路东侧	公元236年	墓室北部
7	巫山巫峡秀峰村墓地M5	宋代	墓主人左胸上
8	重庆璧山生基嘴墓群M9-4	明代	墓室中部填土内

随葬品的位置摆放通常有两种情况：一为按照材质分类摆放；二为按照墓主人生前使用习惯摆放。前者如昌平白浮西周墓和山东新泰青年路东侧墓就是按照器物材质摆放，多放在墓室头端，与其他同为青铜材质的器物摆放在一起，此种摆放情况不多论述。以下将具体分析后者情况：

扶风黄堆60号墓[28]经盗扰，随葬品所剩无几，阳燧出土于墓主人左腹以左，与之同在墓主人左侧肘腹间的还有1枚龙纹玉璧和1件玉钺，两枚玉器尺寸较小，不太符合礼器用玉或军权象征，当为配饰用玉。前文也提到，《礼记·内则》记载有“左佩金燧”。此外，该枚阳燧通体素面无纹，可见更加注重其实用价值。因此，该枚阳燧更侧重于其取火的基础功能，死后依据墓葬主人生前佩戴习惯下葬。

丰宁土城沟道下石板墓[29]的阳燧位于墓主头骨正上方，该墓随葬品多为青铜器冶炼工具，墓主身份可能为青铜器制造工匠。该枚阳燧造型简单，素面无纹，器型较薄，镜背锈薄处为银灰色，镜面铜锈上印有麻布痕迹，表明其实用器的身份。此外，从出土情况看，该地区有为死者覆面的习俗，阳燧及其下方的小铜泡上都残存有麻布织物的痕迹。此覆面习俗常见于夏家店上层文化和玉皇庙文化中，多以织物点缀铜泡及其它青铜装饰覆面。[30]而覆面的意义有人认为是“祈求死者的灵魂附体，永远安息，莫再出窍祸害生人，以保氏族后代安然无恙”[31]。而这种祈愿与阳燧聚火的特性有可以连接的地方——阳燧聚火，死后世界怕火，以此来阻止死者出窍重返人间似乎也较为合理。

绍兴M306出土阳燧同样是与玉璜、松石珠及玛瑙等组玉饰一同置于漆盒中，不过该枚阳遂背面饰有奔龙纹饰，且尺寸较小，直径仅3.6厘米，其实用价值不高，应当同样为一类佩饰。

巫山巫峡秀峰村M5[32]阳燧位于人骨右胸上，该墓年代为宋代，随葬品均为日常用品，包括瓷罐、铁剪、铜钱、铜簪、铜勺等。出土阳燧为仿汉风格，造型精致，出土的铜钱也有汉唐时期的古钱，表明墓主人对于古物的喜好。而这枚阳燧可能只是墓主生前心好之物，死后随墓主一同下葬。

重庆璧山生基嘴M9-4阳燧出土位置及功能前文已探讨，不再赘述。

综上，从出土情境来看，这些阳燧的功能依据墓主人的习惯、爱好、信仰等不同而发挥着不同的作用，包括实用功能、装饰功能、驱邪功能三个方面。

（三）铭文阐释

共3面阳燧刻有铭文。

1. 天津馆藏汉代阳燧，正面铭文：“宜子先（孙），君子宜之，长乐未央。”背面铸“五月五丙午，夫燧可取天火保死祥兮”。

2. 山东新泰出土魏明帝时期阳燧镜：“青龙四年五月丙午造。”[33]

这两则铭文较为相似，第一面阳燧正面铭文均为汉代常用吉语，用以表示对子孙美好的祝福。背面铭文，五月五日为端午节，在这个时间前后，气温多炎热难耐，丙午时又为正午时分，阳日当空，可见这个时间阳气之盛。王充《论衡》中记载：“阳燧取火于天，五月丙午日中之时，消炼五石，铸以为器，磨励生光，仰以向日，则火来至，此取真火之道也。”在汉人的想法中，这个时间取得的真火包含了最多的太阳精气，对驱邪除恶有奇效，也符合五毒日驱毒的习俗。第二面铭文则表明器物是在一年中阳气最盛之时所铸。五行中，火克金，五月丙午又为火月火时，在这个时间铸造金属之器具有事半功倍之效。

3. 黑龙江阿城县白城遗址出土金代阳燧镜，反面线刻“左街僧官”。

僧官制度为佛教东传后，中原王朝为更好管理佛教教徒而设置，唐代始设左右街僧录司，宋、辽继承唐代左右街僧录司官职名称，职责和所属机构有一定变动，金代目前未见左右街僧录之称，取而代之为各京、路僧录[34]。因此该枚阳燧很大可能并不是本地铸造，而是宋或辽燕京地区流通而来。与刻款内容相对应的是该枚阳燧线刻的观音像和梵文，三种元素共同表明该阳燧的持有者是一名佛教信徒。观音菩萨在中国佛教的地位非凡，观音像又刻在能散射光线的阳燧凸面，因而我们大胆推测做器者有散射观音像背光的想法。

上述三枚带铭文阳燧，主要发挥着驱邪除恶的功能。

五、结语

阳燧作为一种实用意义与象征意义并存的功能镜，纵向来看，自西周至明清，在各个历史时期均有出土；横向来看，其地域分布广，遍及南北各地。

阳燧器型的发展与铜镜相似，其造型纹饰经历了大气精致——繁复华丽——简洁素净的演变历程，反映了社会经济水平的波动与审美变迁。其功能性在器型上可体现为：镜面粗糙、器型薄而小者多为装饰品，而非实用器；纹饰繁复、造型精美、器型厚重者多为象征品，亦非实用器。

阳燧的三大功能分别为实用功能、装饰功能和驱邪功能。作为取火用具，阳燧的实用功能自始有之，但鉴于考古实践中阳燧多出土于墓葬中，其作为装饰品或具有宗教意义的驱邪物品出现于随葬品中的比例难免超出实际使用水平，使人产生实用器较少的错觉。事实上，阳燧的后两项功能均衍生自其取火的基础功能之上。随着时代变迁，器型演变，阳燧的功能内涵逐步丰富发展，但其基础功能从未被摈弃，并非像鞢等早期实用器一样，最终沦为单纯的装饰物或象征品。

在以往的研究中，有关铜镜的论文成果颇丰，相比之下，阳燧则缺乏系统地探索。在学术讨论中加强阳燧研究，一方面有助于提升发掘者认知水平，在撰写考古发掘报告中规范器物命名；另一方面也是对铜镜研究的补充与完善，在探索古代人民生活方式与精神世界的过程中发挥着独特的作用。

参考文献：

[1] 钱耀鹏，卫雪. 滑稽、阳燧樽、温酒樽与上尊酒 [J]. 文物，2022（10）：69.

[2] 练春海. 汉代墓葬语境中的阳遂 [J]. 民族艺术，2013（1）：137.

[3]（汉）郑玄注，（唐）孔颖达等正义. 礼记正义：卷 37 [M] //（清）阮元校刻. 十三经注疏. 北京：中华书局，1980：1116.

[4] 杨天宇. 周礼译注 [M]. 上海：上海古籍出版社，2004：550−551.

[5] 中国科学院考古研究所. 中国田野考古报告集 考古学专刊 丁种第十号上村岭虢国墓地 黄河水库考古报告之三 [M]. 北京：科学出版社，1959：29.

[6] [21] 牟永杭. 绍兴 306 号战国墓发掘简报 [J]. 文物，1984，（1）：10−26.

[7] 印志华. 江苏邗江县姚庄 102 号汉墓 [J]. 考古，2000，（4）：50−65.

[8] 李君. 馆藏古代青铜器赏析 [J]. 文物天地，2015，（6）：31−33.

[9] 尹钊，李根，张继超. 阳燧镜的研究乐趣 [J]. 收藏与投资，2018，（6）：82−85.

[10] [11] 阿城县文物管理所. 阿城县出土铜镜 [M]. 哈尔滨：阿城文物管理所，1974：31、16.

[12] 河南省文物考古研究院，三门峡市文物考古研究所. 镜鉴陕州：三门峡出土铜镜选 [M]. 郑州：河南美术出版社，2018：189.

[13] 余明辉. 青铜阳燧的衍变：从祭祀取火到风水吉祥物 [J]. 文物鉴定与鉴赏，2018（10）：43−45.

[14] 邓莉丽. 宋代铜镜的物质形态、置镜方式及文化因素——以带柄镜为研究重点 [J]. 装饰，2021，（6）：98−102.

[15] 钱临照. 阳燧 [J]. 文物参考资料，1958，（7）：28+30+24.

[16] 龙朝彬. 常德出土铜镜 [M]. 长沙：岳麓书社，2010：219.

[17] 尹钊，李根，张继超. 阳燧镜的研究乐趣 [J]. 收藏与投资，2018（6）：84−85.

[18]（东汉）王充撰，刘盼遂集解，黄晖校释. 论衡校释 [M]. 北京：中华书局，2017：696.

[19] [20] 刘文典撰， 冯逸，乔华点校. 淮南鸿烈解 [M]. 北京：中华书局，2021：82、196.

[22] [23]（后晋）刘昫撰. 旧唐书 [M]. 北京：中华书局，1975：887.

[24] 周亚. 铜镜使用方式的考古资料分析 [J]. 艺术品，2014，（8）：8—25.

[25] 葛林杰. 古代悬镜葬俗研究 [J]. 考古，2016，（12）：90—96.

[26] 道法会元：卷 131 [M] //道藏：第 29 册. 上海：上海古籍出版社，1988: 644.

[27] 道法会元：卷 198 [M] //道藏：第 30 册. 上海：上海古籍出版社，1988：254.

[28] 罗芳贤，魏兴兴. 1995 年扶风黄堆老堡子西周墓清理简报 [J]. 文物，2005，（4）：28—49+121—125.

[29] 白光. 丰宁土城东沟道下山戎墓 [J]. 文物，1999，（11）：23—27.

[30] 赵玉春. 先秦时期覆面研究 [D]. 石家庄：河北师范大学，2013：39—42.

[31] 勒枫毅. 北京延庆军都山东周山戎部落墓地发掘纪略 [J]. 文物，1989，（8）：17—35.

[32] 雷雨，陈德安. 重庆巫山县巫峡镇秀峰村墓地发掘简报 [J]. 考古，2004，（10）：47—61.

[33] 穆红梅，焦玉云. 山东新泰出土青龙四年阳燧 [J]. 文物，2012，（7）：78—79.

[34] 王德朋. 论金代僧官制度 [J]. 黑龙江社会科学，2014，（4）：149—152.

四川博物院藏成都羊子山遗址出土文物档案整理与研究

万佳文①

摘　要：通过对四川博物院藏成都羊子山遗址出土文物档案的整理，厘清院藏成都羊子山遗址出土文物的时代、类别、出土的遗迹单位、器物组合等信息。订正了入藏登记时的错误，增补了馆藏文物档案中的具体来源、考古发掘信息、流传经历等，为进一步研究、展示、教育提供了更为准确的资料。并对博物馆如何科学规范地保管考古发掘出土的遗物进行了思考，提出了建议。

关键词：成都羊子山遗址；文物保管；藏品档案整理；四川博物院

一、前言

成都羊子山遗址是二十世纪五十年代考古发掘的一处重要遗址，位于成都市北门驷马桥北侧，川陕公路西侧。是一座直径约 140 米，高约 10 米的土丘。1952 年有关单位先后对此地做过调查和勘探，1953 年至 1956 年间，原西南博物院组成的羊子山工作小组为配合砖瓦厂建设工程对该遗址进行了清理工作。[1] 1955 年 6 月，因西南博物院撤销，成都羊子山遗址出土遗物的整理工作由四川省文物管理委员会（今四川省文物考古研究院）负责。[2]

自 1955 年成都羊子山遗址出土的部分文物及发掘资料移交至四川省博物馆（今四川博物院）至今，由于各种原因，一直未能得到系统性整理与研究。笔者通过将考古发掘未公布的部分资料与四川博物院现藏成都羊子山遗址出土文物进行对比、整理，对登记在册的文物信息进行了校对、修正，为后续复原整个成都羊子山遗址全貌，以及进一步展示、教育、宣传、利用、研究等提供基础，并尝试探索对于考古发掘出土文物保管、保护的科学、规范的方法，本文尚欠成熟、谬误之处，敬请方家指正。

二、成都羊子山遗址研究现状和利用情况

成都羊子山遗址由人工修筑的土台建筑以及土台上 189 座墓葬组成，出土了从中石器时期至元明时期的各类文物近千余件。目前成都羊子山遗址出土遗物和发掘资料分别收藏于中国国家博物馆、四川省文物考古研究院、重庆中国三峡博物馆和四川博物院。[3]

关于成都羊子山遗址的发掘资料公布得非常有限，仅见《成都扬子山的西汉墓葬》[4]、《成都扬子山的晋代砖墓》[5]、《记成都扬子山一号墓》[6]、《成都羊子山第 172 号墓发掘报告》[7] 和《成都羊子山土台遗址清理报告》[8]。虽然羊子山遗址的发掘和报告编写工作均由冯汉骥先生亲自指导 [9]，但由于参与人员变动，该遗址发掘报告至今尚未完整公布。即便如此，学术界

① 万佳文，四川博物院助理馆员。

依然对羊子山遗址给予了高度重视，并取得了丰硕的成果。《羊子山建筑遗址新考》[10]、《羊子山土台考》[11]、《羊子山地区考古的几个问题》[12]、《羊子山土台再考》[13]、《关于羊子山土台遗址和几件出土文物的历史价值问题》[14]、《成都羊子山土台遗址试析》[15] 等文对土台始建年代、性质用途及建筑技术都做了研究，学界普遍认为土台大致始建于商周废止于战国晚期至秦，是一处较为重要的宗教祭祀场所。此外，有少量针对遗址中墓葬的研究文章，如《羊子山地区考古的几个问题》[16]、《羊子山墓地考古资料再整理与初步研究》[17]、《成都羊子山遗址两座唐代墓葬的发现与初步研究》[18] 等。

研究羊子山出土器物的文章相对较多，主要集中在铜镜和画像石上。如《成都羊子山战国铜镜初探》[19]、《四川博物院藏羊子山出土青铜镜的年代分析》[20]、《四川成都羊子山 172 号墓出土的羽鳞纹镜断代考》[21]、《意蕴之于图像：羊子山汉墓石刻造像的审美解读》[22]、《〈车马出行〉汉画像石出土始末》[23]、《简析“车马过桥”与“轺车骖驾”——重庆中国三峡博物馆藏羊子山汉墓画像砖中的两种轺车为例》[24]，另外还有《羊子山土台遗址出土打制石器的性质与年代浅析》[25]、《浅谈四川博物院藏的一颗战国蜻蜓眼式玻璃珠》[26] 等针对不同器物的研究。

除此之外，《四川的画像砖墓及画像砖》[27]、《重庆市博物馆藏四川汉画像砖选集》[28]、《论四川出土的青铜矛》[29]、《四川古代墓葬清理简况》[30]、《四川出土铜镜概述》[31] 等著作和文章中均不同程度地涉及羊子山遗址及其出土物。

三、四川博物院藏成都羊子山遗址出土文物概述

笔者使用文献研究、统计分析、档案研究、分类比较等多种研究方法，对四川博物院保管的成都羊子山发掘报告（初稿）、成都羊子山出土文物装箱统计表、文物修复情况报告、四川省文管会接收羊子山遗址出土文物（从西南博物院接收）的装箱册等原始资料进行了系统整理。

表一 四川博物院藏成都羊子山遗址出土文物统计表（按时代统计）

质地	时代										
	中石器时代	战国	汉代	魏晋南北朝	唐代	宋代	元代	明代	近代	年代不详	总计
瓷器				2							2
陶器		1	38		1	1					41
铜器		83	155	5	3	18		1	1		266
金银器		45	2								47
铁器、其他金属器			25				1				26
玉石器、宝石		12	4								16
牙骨角器			1								1
石器、石刻、砖瓦	5	7	5		2	1					20
碑帖拓本										1	1
标本化石		8									8
总计	5	156	230	7	6	20	1	1	1	1	428

表二　四川博物院藏成都羊子山遗址出土文物统计表（按用途统计）

质地	用途											
	装饰品	生活用品	生产工具	乐器	武器	车马器	钱币	玺印符牌	度量衡	雕塑造像	其他	总计
瓷器		2										2
陶器	1	25		1						14		41
铜器	31	136	1	4	60	21	4	1			8	266
金银器	29	1				15					2	47
铁器、其他金属器		5	8		9	1			1		2	26
玉石器、宝石	14			2								16
牙骨角器		1										1
石器、石刻、砖瓦	10	1	5							2	2	20
碑帖拓本											1	1
标本化石											8	8
总计	85	171	14	7	69	37	4	1	1	16	23	428

在羊子山土台遗址最下层的地层中发现了五枚中石器时期的石斧、切割器（图一）和尖状器（图二）。遗址中采集的文物极少，绝大部分文物出土于明确的遗迹单位中。从目前资料来看，墓葬年代最早为战国时期，出土物有铜器（图三）、陶器、玉石器（图四）、金银器和少量标本，其中铜器数量最多，大都为生活用品。汉代墓葬中出土文物数量较多，包含陶器、玉石器（图五）、金银铜及其他金属器（图六）、牙骨角器等多种类型。除此之外，魏晋南北朝、唐、宋、元、明的文物均有发现，例如新莽时期的“大泉五十”钱、晋代的釉色瓷罐（图七）、六朝的铜钟、宋代的花瓣纹铜镜、元代的铁权、明代的铜瓶（图八）。从器物用途来看，生活用品、武器和装饰品占主要部分，生活用品中，各式铜镜和饮食器居多；武器有铁刀、铜镞、铜矛、铜戈、铜剑等，形制较小，且多有破损；装饰品有西汉时期的各种动物头铜带钩，还有少量玉璜、玉璧等礼器和琉璃珠。还有作为生产工具、乐器、车马器、度量衡、雕塑艺术品等之用的器物。车马器多为车饰件和马衔，雕塑造型有东汉墓中的随葬品，如陶俑、陶鸭（图九）、陶猪（图十）、陶马等。

图一　中石器时期石切割器

图二　中石器时期石尖状器

图三　战国云雷纹地蟠螭铜镜

图四　战国琉璃珠

图五　西汉玉璧

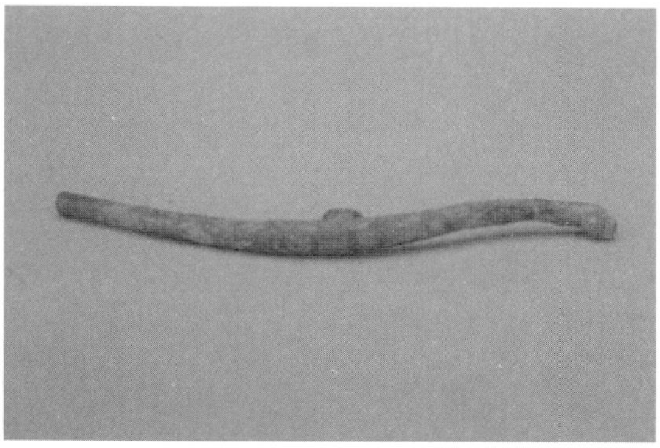
图六　西汉金银错铜带钩

图七　晋代瓷罐

图八　明铜瓶

图九　东汉陶鸭

图十　东汉陶猪

（四川博物院藏）

这428件文物中，除少量出土时就已破损、部件缺失和锈蚀的器物外，其余大部分器物均基本完整。

172 号墓是成都羊子山遗址战国墓中规模最大，出土器物最多且保存最完整的一座，根据四川博物院藏文物情况梳理如下：

表三　四川博物院藏羊子山遗址172号墓出土文物统计表

材质	类型												数量
	礼乐器	装饰品	车马器	生活用具	兵器	农具工具	饮食器	酒器	盥水器	植物遗存	动物遗存	其他	
玉器	2	9											11
石器		3											3
金银器		28	15									2	45
铜器			8	16	19	1	7	3	4				58
标本										3	5		8
总计	2	40	23	16	19	1	7	3	4	3	5	2	125

《成都羊子山第172号墓发掘报告》[32]中公布该墓葬出土了陶器、铜器、漆器、玉器、石器、车马器等七大类随葬品。目前四川博物院入藏该墓出土的125件文物，涉及玉石器、金器、银器、铜器、标本等门类，其中铜器数量最多，占46%。发掘报告将出土的所有铜器分为兵器、烹饪器、容器、调味器、量器、用器、服饰器、工具等八类。笔者结合本院所藏铜器的实际情况，采用马承源先生《中国青铜器》[33]一书所使用的分类方法，将这58件铜器分为车马器、生活用具、兵器、农具工具、饮食器、酒器、盥水器等七类。铜矛、铜剑、铜镞、铜戈等兵器在出土时均有不同程度的断裂、破损或部件缺失。铜釜、铜鼎、铜盘、铜钫（图十一）等饮食器和盛器都基本完整。铜器还有大小不一的数枚铜圈和马衔、铜軎（图十二）等车马器。

图十一　战国铜钫

图十二　战国铜軎

（四川博物院藏）

金银器同样数量众多，占 36%。包括发掘报告中提到的两枚共重 1.216 两的金块、多枚银筒饰和银圆圈（图十三）等装饰品以及作为车马配件的银弓帽（图十四）。川博所藏 15 件银弓帽几乎都氧化严重，有破洞、锈蚀、裂纹、裂口和修补痕迹。

图十三　战国银圆圈

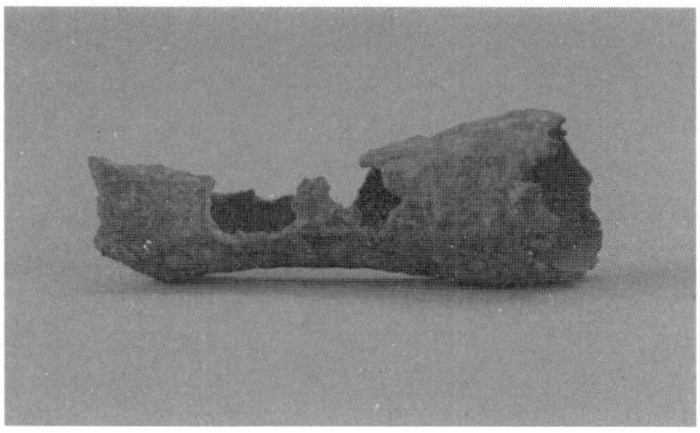

图十四　战国银弓帽

（四川博物院藏）

玉器占 8.8%，有发掘报告中记录的玉瑗、玉棒等礼器，以及玉镯、玉饰（图十五）、玉觿（图十六）等装饰品。

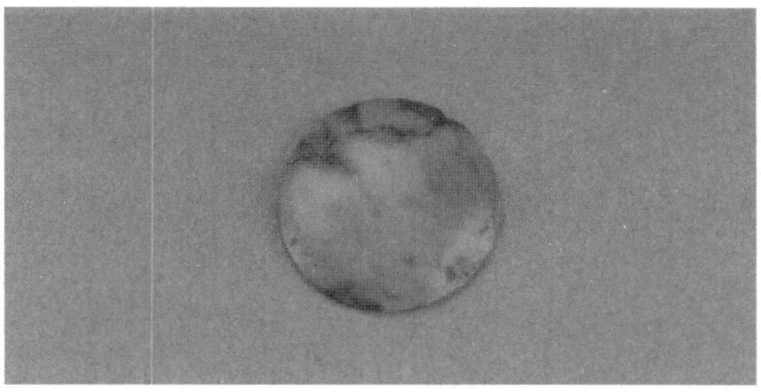

图十五　战国纽形玉饰

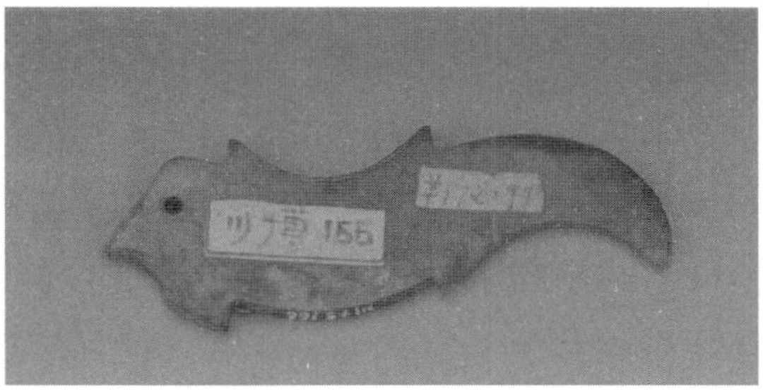

图十六　战国玉觿

（四川博物院藏）

石器均归在装饰品类，但其实三件石饰形制各不相同，分别对应报告所述的环状石（图十七）、圆形石（图十八）和砂石。三件石器器型完整，色泽光亮。

图十七　战国石饰 1

图十八　战国石饰 2

（四川博物院收藏）

此外，川博还收藏了报告末尾所述果核（图十九）和兽齿（图二十），但究竟为何种果实和动物齿，还有待进一步检测分析。

图十九　战国果核

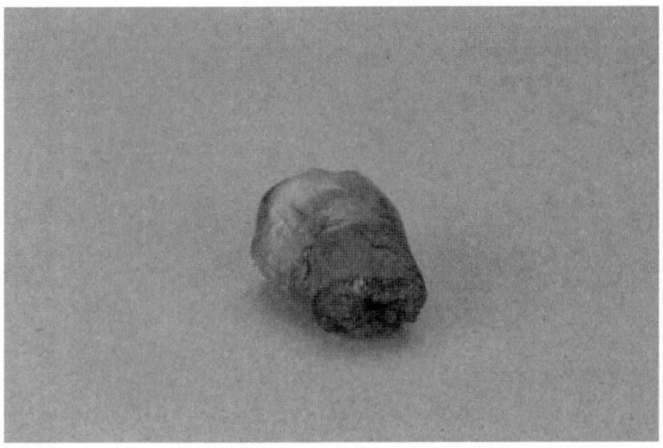

图二十　战国臼齿

（四川博物院藏）

笔者梳理账册后发现，172 号墓的出土物中，还有 16 件原为四川博物院藏，1959 年调拨至北京历史博物馆（现中国国家博物馆）。其中铜器 6 件，银器 5 件，玉器 3 件，陶器与铁器各 1 件。

四、四川博物院藏成都羊子山遗址档案资料整理

成都羊子山遗址发掘工作已结束数十年，受当时技术条件限制，所有的原始发掘资料只能以纸质版手稿保存下来，大部分纸张已经残破凌乱，字迹模糊，黑白照片也已泛黄，难以辨认细节。加之部分档案在移交、保存和搬迁过程中遗失，诸多原因造成整理工作困难重重。

笔者经过对保管在川博的成都羊子山发掘报告（初稿）、成都羊子山出土文物装箱统计表及文物修复情况报告、四川省文管会接收羊子山遗址出土文物（从西南博物院接收）的装箱册、四川博物院藏品总登记账、四川博物院数据库等资料对比和整理，将出土遗物逐一归入正确的遗迹单位，同时订正了账册和数据库中的错误信息。

经整理，有部分遗物无法找到明确出土墓葬，少数陶器和铁器存在总账和分类账无法对应的情况。例如 M43 出土的汉代陶罐，M193 出土的铁斧，它们记载于总登记账中，但分类账和数据库中均无信息，后翻阅注销凭证册发现，这部分文物因出土时破损严重被做注销处理，但总账尚未进行更新。此外，部分文物名称已按照《馆藏文物登录规范》中的定名要求做了重新定名，如“东汉陶俑”被进一步准确定名为“东汉陶舞俑”、“晋代瓷罐”被定名为“晋代黄釉四系瓷罐”。还有个别文物时代有误，如 M70 出土的一件滑石猪，入馆登记时为西汉，但发掘资料中记录 M70 为唐代墓葬，且该件滑石猪的雕刻技法更接近于唐代的工艺；原来登记为汉代的部分文物根据考古发掘资料明确为东汉和西汉。

表四　四川博物院藏羊子山遗址藏品信息核对情况一览表

序号	错误类型	详情描述	导致不一致的原因	数量(件)
1	数据缺失	部分陶器和石刻、金属器在数据库中无信息	文物出土时状态过于残破,保管员按程序注销,但未及时更新账目	22
2	名称不一致	数据库中文物名称和原始报告中的名称不一致	依据《馆藏文物登录规范》对文物进行了规范性定名	160
3	时代不一致	部分原始报告中缺失的时代信息得到了补充,少量信息与原报告不一致	一方面在藏品入库时,信息差导致;另一方面部分文物在后续研究与利用过程中进行了更精确的断代	84

五、关于博物馆保管考古发掘出土文物的几点思考和建议

通过对院藏成都羊子山遗址出土文物档案的整理，厘清了院藏成都羊子山遗址出土文物的时代、类别、出土的遗迹单位、器物组合等信息。订正了入藏登记时的错误信息，增补了馆藏文物档案中的具体来源、考古发掘信息、流传经历等，为进一步研究、教育、展示提供了更为准确的资料。同时，整理和订正工作也引起了笔者对于博物馆保管考古发掘出土文物以及发掘档案的一些思考。

1. 出土遗物的保管应考虑考古发掘材料的完整性，突出藏品的使用价值，才能利于开展科学研究、陈列展览等业务活动。四川博物院专设有特殊墓葬出土遗物库房，其中羊子山遗址 M172 出土遗物就在该库房保管，文物包括青铜、玉石、金、银等质地。此外还有二十世纪五六十年代考古发掘的前蜀开国皇帝王建墓、成都白马寺明墓 M6，成都青羊宫综合医院工地等特殊墓葬出土的遗物，文物质地涉及骨角牙、青铜、金银、丝、竹、木、石、皮革、毛、棉麻制品、陶瓷等。该库房的设立主要考虑保证重要遗址的完整性，便于提取、利用和研究。由于文物类别的多样性，每类文物对于环境尤其是温湿度的要求不同，对库房软、硬件的要求也较为严格。不仅需要考虑陶瓷器、骨角牙等易碎质地文物的安全，同时又要兼顾竹、木、青铜等质地文物对温湿度需求的不同，此外还要做好丝、棉麻制品、毛、皮革等质地文物的霉变、虫害等防治工作。

2. 为了给馆藏文物营造一个安全的生存环境，尽最大可能延缓文物的物理和化学性质改变，达到长久保存的目的，优先考虑遗物质地，将同一遗址内的不同质地遗物按类别保管，对其进行有效的保护。四川博物院藏羊子山遗址出土的遗物除前文提及的 M172 外，其余墓葬出土遗物均按照质地归入相应库房进行保管。M161 出土器物有铜器、陶器和骨角牙器，按照质地分别置于青铜库房、陶器库房和竹木牙雕库房；再如 M207、M70 出土器物有青铜器、宝玉石器，按照质地则保管于青铜库房和石刻文物库房，这种按照遗物质地分别保管的方式有利于遵循《博物馆藏品保存环境试行规范》，对同一质地文物的温湿度进行调控，同时根据需要配置囊匣、柜架等装具。但是在对同一遗迹单位遗物提取和研究利用方面存在一定的不便，尤其是在出土遗物入藏时，文物登记人员在记录其原始信息时稍有遗漏，该件文物则无法再找到其出土的具体墓葬

单位。例如青铜库房中的一件唐代铜镜，账本和文物档案均无出土信息记载，查阅当时的入馆凭证、对照考古发掘报告以及数据库照片后发现，其出自 M70 唐墓，此种情况在此次资料整理中并不罕见。

3. 考古出土文物在博物馆登记入藏后，其考古发掘报告和记录资料需要及时填补进文物藏品档案。在文物藏品登记编目的过程中，要将来源填写得尽可能详尽，同时不能忽略入馆凭证号的记录。在填写《藏品档案》时，应将考古发掘信息完整填写，同时将考古发掘报告、考古发掘日志、遗物的三维扫描影像资料等作为附件装入档案，以便出土遗物的利用和研究。

六、结语

未来各个博物馆或将面临众多考古发掘品移交的压力与挑战。结合本次整理羊子山遗址发掘资料的心得与经验，笔者认为文物本身与一本本探方日志、一张张线图、一份厚重的发掘报告同样重要，都值得被视作不可再生的珍宝妥善保存，只有将它们结合在一起才能揭秘当时当地人们的生活面貌。各博物馆应当结合自身库房条件、空间面积以及文物来源，决定最适合文物的保管方式。信息化技术的不断发展，对电子档案及影像资料的保管也提出了相关要求，应对新的发掘材料实行纸质电子双介质保管，并尽可能完成旧藏考古发掘材料的数字化工作。在对新入藏出土文物编目制卡时，要将原始的发掘资料和出土信息收集齐全，并在藏品档案中做好记录，确保准确无误。

在习总书记关于要实施好“中华文明起源与早期发展综合研究”“考古中国”等重大项目的要求下，在经济社会高速发展，配合基建的考古发掘工地逐年增加的情况下，考古发掘出土的文物也越来越丰富。博物馆作为收藏、展示物质文化遗产的机构，藏品是博物馆发挥宣传、教育作用的根本，科学、规范地保管、保护考古发掘出土文物以及信息资料，利用好资料信息“让文物活起来”，讲好“中国故事”，增强文化自信，需要每位文博工作者不懈努力。

参考文献：

[1] [8] 四川省文物管理委员会. 成都羊子山土台遗址清理报告 [J]. 考古学报，1957（4）: 17、17−33.

[2] [7] [32] 四川省文物管理委员会. 成都羊子山第172号墓发掘报告 [J]. 考古学报，1956（4）: 1、1−20、4−19.

[3] 刘舜尧，肖碧瑞. 成都羊子山遗址两座唐代墓葬的发现与初步研究 [J]. 长江文明，2020（3）: 12.

[4] 沈仲常. 成都扬子山的西汉墓葬 [J]. 考古通讯，1955（6）: 24−27.

[5] 沈仲常. 成都扬子山的晋代砖墓 [J]. 文物参考资料，1955（7）: 95−102.

[6] 于豪亮. 记成都扬子山一号墓 [J]. 文物参考资料，1955（9）: 70−84.

[9] 王家祐，李复华. 为博物馆事业作出可贵奉献的冯汉骥教授 [J]. 中华文化论坛，1999（3）: 32.

[10] 林向. 羊子山建筑遗址新考 [J]. 四川文物，1988（5）: 3−8.

[11] 孙华. 羊子山土台考 [J]. 四川文物，1993（1）: 3−7.

[12] [16] 王家祐，李复华. 羊子山地区考古的几个问题 [J]. 四川文物，2002（4）: 9−16、13.

[13] 李明斌. 羊子山土台再考 [J]. 成都考古研究，2009（1）: 246−255.

[14] 李复华. 关于羊子山土台遗址和几件出土文物的历史价值问题 [J]. 四川文物，2010（1）: 43−46.

[15] 郭明，高大伦. 成都羊子山土台遗址试析 [J]. 江汉考古，2017（2）: 52−59.

[17] 刘舜尧. 羊子山墓地考古资料再整理与初步研

究 [D]. 成都：四川大学，2015.

[18] 刘舜尧，肖碧瑞. 成都羊子山遗址两座唐代墓葬的发现与初步研究 [J]. 长江文明，2020（3）: 17.

[19] 张媛. 成都羊子山战国铜镜初探 [J]. 四川文物，2015（5）: 48−52.

[20] 李高怡. 四川博物院藏羊子山出土青铜镜的年代分析 [J]. 博物馆学刊，2015（5）: 92−101.

[21] 杨敏慧. 四川成都羊子山 172 号墓出土的羽鳞纹镜断代考 [J]. 美与时代，2020（4）: 62−64.

[22] 邹璐. 意蕴之于图像：羊子山汉墓石刻造像的审美解读 [J]. 装饰，2014（7）: 141−142.

[23] 刘黑.《车马出行》汉画像石出土始末 [J]. 上海集邮，1999（6）: 12−13.

[24] 叶琳. 简析“车马过桥”与“轺车骖驾”——重庆中国三峡博物馆藏羊子山汉墓画像砖中的两种轺车为例 [J]. 长江文明，2014（4）: 12−16.

[25] 叶茂林. 羊子山土台遗址出土打制石器的性质与年代浅析 [J]. 四川文物，1988（5）: 9−13.

[26] 刘舜尧. 浅谈四川博物院藏的一颗战国蜻蜓眼式玻璃珠 [J]. 长江文明，2021（3）: 90−95.

[27] 冯汉骥. 四川的画像砖墓及画像砖 [J]. 文物，1961（11）: 35−43.

[28] 重庆市博物馆. 重庆市博物馆藏四川汉画像砖选集 [M]. 北京：文物出版社，1957.

[29] 李健民. 论四川出土的青铜矛 [J]. 考古，1996（2）: 78−88.

[30] 沈仲常，王家祐. 四川古代墓葬清理简况 [J]. 考古，1959（8）: 442−446.

[31] 高大伦，岳亚莉. 四川出土铜镜概述 [J]. 四川文物，2013（4）: 66−73.

[33] 马承源. 中国青铜器 [M]. 上海：上海古籍出版社，1988：1−2.

四川南充万山寺摩崖石刻考释及研究

王使臻　袁子東　任泉霖[①]

摘　要： 四川南充嘉陵万山寺摩崖石刻明确地被有意分成了三个部分：上部的《龙归院记并序》来自原龙归院石碑残石，中部的抄经、造千佛像功德题记对应于摩崖两行千佛造像（K2），下部的武成三年造像题记对应于摩崖石刻文字右部的道教龛造像（K1）。《龙归院记并序》原碑应当来自今南充嘉陵双桂镇龙归院村龙归院，它是唐宋时期历史渊源很深的佛教寺院，原碑文大约撰写并刊立于五代前蜀时期。K2千佛造像和K1道教龛造像虽然并不知具体来源，推测造像时间大约也在五代前蜀。

关键词： 龙归院记并序；摩崖石刻；万山寺

在今四川省南充市嘉陵区石楼乡袁家店村西南丘陵上，有一座小寺庙称“万山寺”，寺后有一块巨石兀然突起，南面天然地形成了长6米、高4米的平整崖面。在此崖面上有三处摩崖石刻，现存有2龛造像（分别编号为K1的道教造像和K2千佛造像）和1方摩崖碑刻（编号为T1），以及其它相关雕刻遗迹。前贤学者对K1道教造像和K2千佛造像的调研比较充实，对其内容似已达成定论[②]。但对更重要的、具有文字价值的T1摩崖碑刻的调研及录文、研究是存在不足的，诸如异文、断句的斟酌、文意的理解，诚存在一些可以商榷之处。更关键的是，对T1上具有明显特征的裂缝区分、界格标志等考古层位学细节多有忽略，对T1和K1、K2的关系、摩崖石刻整体之间是否存在密切联系以及石刻意图的探索上，多有疏漏或不足。为此，我们从T1上的考古层位学细节出发，将T1上的内容依照原石上存在的两道横向裂缝分为A—E五个部分（见图一），分区对摩崖石刻上的文字进行识读、录文、标点、关键字词的考释等基础工作后，整体上分析五区各部分文字之间是否存在密切联系，T1和K1、K2整体上的关系又是什么？最后讨论比较复杂的摩崖石刻的来源问题和雕刻意图问题。

① 王使臻，西华师范大学副教授，历史学博士。袁子東、任泉霖，西华师范大学文物与博物馆专业本科生。本文由王使臻执笔完成，袁子東、任泉霖对本文的前期调查、绘图及文字考释有所贡献。

② 先后有原西华师大历史文化学院蒋晓春教授领衔的“嘉陵江流域石窟寺调查与研究”团队罗洪彬博士、文学院徐强教授对此摩崖石刻或进行了调查、整理和研究，或撰写博士学位论文，将此摩崖石刻的初步内容呈现给学界，奠定了进一步深入研究的基础。他们从造像题材、风格和龛窟形制上判断出K1是道教造像，K2是千佛造像。造像类型特征与中晚唐时期的特征相符合。相关研究参见：蒋晓春、符永利、罗洪彬，等：《嘉陵江流域石窟寺调查及研究》，北京：科学出版社，2018年，第285页；徐强：《川东北零散隋唐佛教龛窟研究》，上海师范大学博士学位论文，2019年，第79页。

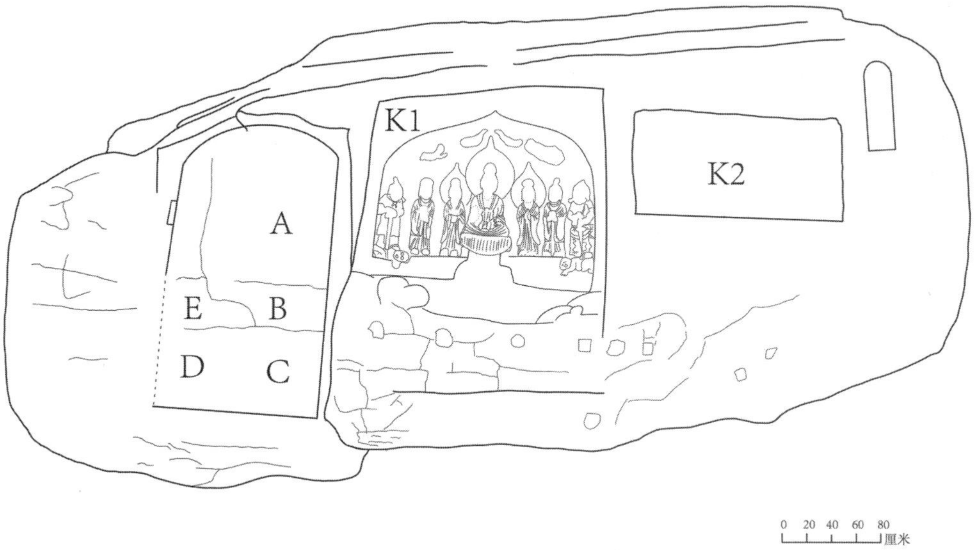

图　南充市嘉陵区石楼乡万山寺摩崖石刻示意图（线图绘制：袁子東）

一、碑文各部分文字录文及考释

1. 碑上部《龙归院记并序》文字【标记为 A】

第 1 行：《龍歸院記並序》，鄉貢進士于光裔撰並書。（16 字）

第 2 行：我佛揚化，人稟空宗。澄識海而以濬真源，淬智鋒而以裁[①]疑網。傳明以燭，滌（29 字）

第 3 行：暗於心，闡教弘基，結緣設像。於是，給孤買地，崇殿宇而布金[②]；童子聚砂，起塔幢[③]（30 字）

第 4 行：而在路。皆得果超十地，位振六通，顯耀真如，曉研生滅。所以針鋤□□，□廓樊[④]籠，入（32 字）

第 5 行：鹿苑之通衢，出人寰之溺浪。諒茲電露，宜坦津梁。爰自玉馬來朝[⑤]，金人入夢[⑥]，寫[⑦]聖（31 字）

第 6 行：容於西域，傳像法於南閻[⑧]；駕火宅之三車[⑨]，出河沙之眾苦。浮生歸趣，無出善（29 字）

① 前人录文为“载”，误。有疑网，故用智慧之剑将疑网裁开。“裁”字义更胜。

② 布金地，佛教典故，给孤独以金布地买下祇陀之园林，以建祇园精舍供奉佛陀。

③ 起塔幢，佛教典故，指孩童把细沙聚成宝塔、经幢之形，也作“积沙成塔”。语出《妙法莲华经・方便品》：“乃至童子戏，聚沙为佛塔。”

④ 前人录文为“兴”，误。

⑤ 玉马来朝，指白马来朝之典故，汉明帝立白马寺，佛教传入中国。

⑥ 金人入梦，指东汉汉明帝梦见金人从西方而来，于是便派人向天竺寻求佛法的典故。

⑦ “写”字前人未录出，但很关键。我们观察碑刻原石，虽然字迹模糊，但“寫”字的下半部分仍能辨别。写，即绘。词例如《史记・秦始皇本纪》记载：“秦每破诸侯，写放其宫室，作之咸阳北阪上。”写圣容，即绘佛像。

⑧ 南阎，即南瞻部洲。佛经中指中国所在之区域。

⑨ 火宅、三车，见《法华经・譬喻品第三》：欲救出不知家中失火，仍在其中嬉戏的孩子们，为父的长者基于方便，示以羊车、鹿车、牛车三车，诱使出外，出来时给予更胜于上述三车的大白牛车。羊车、鹿车、牛车三车比喻声闻、缘觉、菩萨三乘，大白牛车喻一佛乘，长者喻为佛，孩子们喻一切众生，火宅是指迷于恶见、烦恼而招致不幸，反复六道轮回，苦恼不堪的娑婆世界。

第7行：因。龍歸院者，貫南充縣善樂鄉夏平里。崗巒北枕於溪流，蒼翠南連於（27字）

第8行：雲嶠？頃[①]以運逢劫火，荒廢多年，井閭絕聽於鍾聲，寒暑不焚於香焰。（26字）

第9行：獸穴於菩提樹下，魚枯於阿褥池[②]中。壞階多綠蔓縈纏，古像被紅塵埋（27字）

第10行：沒。既因　　昭代，遂創奇功。遇　　蜀國龍飛，顯　　堯[③]庭之鳳（19字）

第11行：□（栖？），克彰　　聖化，順應人祇。當郡　　太守滎陽公，五教惠感還珠[④]（22字）

第12行：□均匝境，千里稟懸魚[⑤]之化，群心歸佩犢[⑥]之風。　　住持院主僧行宣，俗（26字）

第13行：【姓】蒲[⑦]，幼日栖心出塵，落髮不奕從師之誡行，常頌救蟻之慈悲，駐錫垂（27字）。

第14行：【杖】，祇門化誘諸檀越[⑧]，成此蓮宮。　　經會[⑨]□絹□百□，積並之沔等（24字）

第15行：□□芭蕉，心明□影，崇德慈識，將渡愛河……

第16行：……理……諸社人[⑩]……

根据碑文内容，所言龙归院因"劫火"而荒废多年，盖指晚唐武宗时期的灭佛事件。碑文中对蜀国、古圣贤帝王"圣""尧"行平阙格式，在刻字前空格，既符合唐以来公文等格式要求，又说明龙归院的复建是在前蜀或者后蜀时期，才会对国名"蜀"进行平阙礼敬，故龙归院之重建不在唐，也不在宋，而是在五代前蜀或者后蜀时期。由"劫火"而重建于五代蜀，推知龙归院历史悠久，在唐代时已是果州（今四川南充）当地的知名寺院。

碑文有碑题"龙归院记并序"，并署碑文作者及书碑人为乡贡进士于光裔。据学者考证，乡贡进士是晚唐五代以来，以乡贡身份参加尚书省礼部进士科考试未中第者的习称。一般认为是省试落第者的身份标识与荣誉头衔。杨宝

---

① "顷"字前人录文为"须"，误。顷，不久。在碑文中用作句首时间副词。

② 阿稱池，也作阿耨池，梵文音译。又可写为阿耨达多池，意谓无热、无热恼、清凉之池。

③ "尧"字前人录文为"光"，因字形相近而致误。尧为古帝王，故碑文中行平阙格式，字前空二字。尧庭凤栖，典故，传说尧时政治清明，任用舜禹，故有凤凰栖止于庭。见《尚书·益稷》"《萧韶》九成，凤凰来仪"。《史记·五帝本纪》也记载："四海之内咸戴帝舜之功，于是禹乃兴《九招》之乐，致异物，凤皇来翔。天下明德皆自虞帝始。"

④ 还珠，典故。出自《后汉书·孟尝传》："（孟尝）迁合浦太守。郡不产谷实，而海出珠宝，与交阯比境，常通商贩，贸籴粮食。先时宰守并多贪秽，诡人求采，不知纪极，珠遂渐徙于交阯郡界。于是行旅不至，人物无资，贫者饿死于道。（孟）尝到官，革易前敝，求民病利。曾未逾岁，去珠复还，百姓皆反其业，商货流通，称为神明。"

⑤ 悬鱼，典故。《后汉书·羊续传》记载："（羊续为南阳太守）时权豪之家多尚奢丽，（羊）续深疾之，常敝衣薄食，车马羸败。府丞尝献其生鱼，（羊）续受而悬于庭。丞后又进之，（羊）续乃出前所悬者以杜其意。"

⑥ 佩犊，典故。出自《汉书·龚遂传》："（龚）遂见齐俗奢侈，好末技，不田作，乃躬率以俭约，勤民务农桑……民有带持刀剑者，使卖剑买牛，卖刀买犊，曰：'何为带牛佩犊。'"

⑦ "蒲"字前人未录出。原石上"蒲"字下半部首清晰可以辨认。对于判别当地居民姓氏，极有价值。

⑧ 檀越，佛教用语，指世俗信众。

⑨ 经会，主持修造、缮写佛经的民间社邑组织。

⑩ 社人，社邑组织中的普通人员。唐宋时民间多社邑组织。社邑（社）是中国古代的一种基层社会组织，隋唐五代时期广泛流行由僧尼与佛教信徒组成的社邑，多数以造像活动为中心，也有从事经济与生活互助活动的社邑。参：郝春文：《中古时期社邑研究》，上海：上海古籍出版社，2019年。

玉先生认为，乡贡进士虽未中进士第，但是地方州府考试中的优胜者，相对于那些连赴中央朝廷应考资格都没有的读书人而言，在地方上仍然拥有一定的特殊地位，他们往往会投奔各地藩镇充当幕府的幕僚。[1] 著名唐史专家吴宗国先生认为在唐朝后期，“乡贡进士”“乡贡明经”已经作为一种头衔而广泛使用。[2] 这些士人虽然科举没有及第，但是他们参加了州县的考试和考核，取得了参加科举的资格，就已经得到了社会上的认可，在地方处于一种特殊地位，受到人们的尊重。原碑文作者于光裔，其人名虽不见于地方志及史书，但从碑文中反映出其作为乡贡进士，精通内典外书，不论是赞颂佛法，还是颂扬果州地方郑姓太守，都文采斐然，用典恰当，语言得体。于光裔应是五代时期南充本地较为知名的文士，他和果州郑姓太守（详见下文考证）之间的关系，是否进入地方幕府任幕僚等，目前由于材料的缺乏，仍然还不清楚。

碑文中的“当郡太守荥阳公”，是以“荥阳”郡望指代郑姓，可知时任果州刺史姓郑。敦煌文献 S. 2052《新集天下郡望氏族谱一卷并序》中记载“郑州荥阳郡出六姓：郑、潘、毛、阳（杨）、牟、郏子”，可知时人以郑氏为荥阳第一大姓。据碑文提示，龙归院重修是在前蜀或后蜀开国之初，而查《十国春秋·前蜀·列传》中，前蜀武成年间有一位果州刺史“郑顼”：

郑顼，延陵人。高祖（王建）建节西川，以顼为节度押牙，言论风采，倾动一时。景福元年，朱全忠时为宣义节帅，高祖命顼使于全忠。全忠问剑阁道路险易，顼极言其危峻，全忠曰：“贤主人何以过得？”顼曰：“若不上闻，恐误令公军机耳！”全忠大笑遣之。武成初，官宣徽北院使。未几，授内枢密使。辄拟发唐道袭奸盗状，道袭以计去之，出为果川刺史。[3]

上引史书中的“果川刺史”明显是“果州刺史”之误，“州川”二字因字形相似，传抄而致误。郑顼出任果州刺史的具体时间，在上引《郑顼传》中未明言，但提到了郑顼和唐道袭相争而被唐道袭设计而贬官为果州刺史。此事在《十国春秋·前蜀·高祖本纪》中有明确记载：

武成三年春三月，皇太子与内枢密使唐道袭有隙，互诉于帝，帝恐其交恶，乃以道袭为山南西道节度使、同平章事。道袭荐宣徽北院使郑顼为内枢密使。顼受命日，即欲按道袭昆弟盗用内库金帛。道袭惧，奏顼褊急，不可大任。丙午，出顼为果州刺史。[4]

据上可以确知，郑顼出任果州刺史的时间在武成三年（910）三月丙午（十六）日（按：查“实用万年历”软件为公元 910 年 4 月 28 日）以后。则《龙归院记并序》碑文的撰写时间在武成三年三月十六日以后郑顼在果州刺史任上时。笔者推测，龙归院之重建重修，大约与武成元年末前蜀王建下诏重建梓橦县百神庙有关系。可能在前蜀刚立国，大赦天下、百废待兴、蜀地兴起重建重修庙宇之风的时候，果州的行宣和尚借此契机，开始谋划重修早已荒废多年的龙归院，经过大约一年多时间的工程修建，在武成三年三月之后的某月终于修建完成，故邀请当地知名文士于光裔撰写了碑文并刊石纪念。碑文下部出现的“武成三年十一月六日”题记，也许与重修建成龙归院的日期有关，细节仍待考。

据碑文，重修龙归院的行宣和尚，俗姓蒲氏，知是本地人。他和当地的镌碑石匠蒲寂均姓蒲，佛教信徒女弟子中也多姓蒲氏，可推知当时在本地多有蒲姓居民。当地社会有经会等社邑组织，组织社人进行抄经、造像、修建寺庙等宗教活动，社邑中除有社官、录事之外，负责某一具体事务的社人往往称“头”或“首”，如造像头、抄经头、斋头等等。下面的碑文中就出现有“经首”“经会头首”“功德头首”等名目，正是当地社邑组织中的负责人员。

2. 碑中右部文字【标记为B】

第1行：鐫功德匠人蒲寂。

第2行：女弟子蒲五娘、陳九娘。經首

第3行：地院主趙經，趙□

第4行：（空白）

第5行：（空白）

3. 碑中中部文字（有明显竖格线）【标记为E】

第6行：押衙三□子，施錢貳百文

第7行：□□□洞□道士王禎

第8行：前充當州法直官蒲□□

第9行：設齋表慶畢，人

4. 碑中左部文字【标记为E】

第10行：《大佛名經》一部十五卷

第11行：蒲師立，□行，三道修

第12行：襄結經會頭首佩法弟子

5. 碑下右部分文字【标记为C】

第1行：功德頭首兼書□□海

第2行：□□，蒲十一娘，蒲二娘。已上各施錢一百文。

第3行：趙諒，趙□。已上各施錢一百文。□□□□□□□[1]

第4行：（空白）

第5行：（空白）

6. 碑下中部文字【标记为D】

第6行：……

第7行：……

第8行：……子蒲……

第9行：……百伍拾文……

7. 碑下左部文字【标记为D】

第10行：……武成三年十一月六日

第11行：……王禎等一十二人同發心造□……

第12行：……趙仙、趙都、趙崇……

第13行：……（似是人名）

第14行：……（似是人名）

第15行：……（似是人名）

第16行：……（似是人名）

二、碑文的阅读顺序及内容考释

1. 碑中右部和碑下右部

如果把碑中右部文字【标记B】和碑下右部文字【标记C】上下连接，实际上是可以接读的，复原如下：

镌功德匠人蒲寂。功德头首兼书□（手？）□海。女弟子蒲五娘、陈九娘。经首□□，蒲十一娘，蒲二娘。已上各施钱一百文。

地院主赵经，赵□，赵谅，赵□。已上各施钱一百文。

根据南充地区嘉陵江流域唐宋功德碑和常见的造像功德题记的一般性格式，将上引内容和造像功德记的格式相比较，如阆中石室观石窟唐僖宗广明元年（880）《妆修功德记》，可知是造像功德记的格式：

勾当妆修功德主何传裕、何传迪，碣文孙士彪撰，镌字张文珍。……广明元年岁次庚子七月辛巳朔十二日表庆毕……三洞道士赵仙长（略）佩法［弟子］李法庆（略）阆州军事押衙王忠、衙前字将康太瑜、军事总管乐素（等人名略）里

① 这是与碑刻字体不同的一行字，难以辨认，刻划痕迹比较新鲜，可能是后来游人所刻，与原碑文应无关系。

正赵瑜，首望王易，乡老侯本萧，从义贾维（等人名略）女弟子罗十一娘（等人名略）。[5]

2. 碑中中部

（1）如果把碑中中部文字【标记 E】和碑下中部文字【标记 D】连接，从右至左不能接读，但从左往右却可以接读：

设斋表庆毕，人……百伍拾文……；前充当州法直官蒲□□……子蒲……（施钱多少文）；押衙三□子，施钱贰百文。

（2）碑中左部文字，如果从左往右读，是可以接读的：

襄结经会头首佩法弟子/蒲师立，□行，三道修/《大佛名经》一部十五卷。

既然（1）和（2）文字都可以从左往右接读，且碑身中部有明显的竖线表示行格线，作为书写文字的标记，那么，就认为（1）和（2）文字表述的是同一件事情，其完整的题记文字可以复原为：

襄结经会头首佩法弟子/蒲师立，□行，三道修/《大佛名经》一部十五卷。/设斋表庆毕，人 [各施钱] ……百伍拾文……；前充当州法直官蒲□□…… [施钱多少文] 子蒲…… [施钱多少文]；押衙三□子，施钱贰百文。

将上文所复原的题记文字与唐宋时期嘉陵江流域抄写佛经功德记的一般格式进行比较，如阆中石室观石窟《石室神仙窟明真社碑》，可知碑中中部题记文字实质是一篇抄经功德记：

今有明真社老侯永仁……率他将诸识信……弟子（姓名略）第一十三人，割舍临用，抽拔净财，上为皇帝陛下，下及一切苍生，敬造灵宝尊经卅卷，通前十斋社经一百卷，藏此室，置墓石心，将示后贤，流传千载。（略）大唐神龙二年太岁景午正月十五日，社女男等勒碑题名，成就讫。弟子、女弟子（姓名略）。[6]

碑文中提到的“《大佛名经》一部十五卷”，又名《佛说佛名经》，有十二卷本、三十卷本、十六卷本等版本。从敦煌藏经洞遗书来看，其保存的唐五代宋初的《大佛名经》，以十六卷本为最常见，往往和千佛图像密切相关。碑刻中部抄经功德记所记的《大佛名经》一部只记载有十五卷，应该接近于敦煌遗书中的《佛说佛名经》十六卷版本。

《佛说佛名经》原本是僧人日常持诵的经典之一，历史上曾出现各种不同的版本。最早有北魏菩提流支译出的十二卷本，后来在十二卷本的基础上演变出了十六卷本、二十卷本、三十卷本等改编本。传世的《大藏经》中仅收载十二卷本及三十卷本《佛名经》，二十卷本和十六卷本则历代《大藏经》均未收录，仅见于敦煌文献及日本寺院所藏古经[7]。一般称《佛说佛名经》为“大佛名经”，敦煌藏经洞出土的《佛名经》以十六卷本为最多①，其中代表性的卷子有：中国国家图书馆藏 BD15289《大佛名经卷第三》、BD6824《大佛名经卷第三》、BD15077《大佛名经卷第八》、BD3448《佛名经卷第十五》、BD5788V《佛名经卷第十六》；日本中村不折藏《大佛名经卷第二、卷第六》。以上《佛名经》第二、三、六、八卷上有同一时期的写经题记，最为重要，有断代价值，兹抄

① 对敦煌藏经洞出土《佛名经》的版本、内容缀合、历史背景等有代表性的研究著述有：方广锠：《关于敦煌遗书〈佛说佛名经〉》，《方广锠敦煌遗书散论》，上海：上海古籍出版社，2010 年；张丽、张磊整理：《〈佛说佛名经〉（二十卷本）》，《藏外佛教文献》第 10—12 辑，北京：中国人民大学出版社，2008 年；张磊、刘溪：《敦煌本〈佛说佛名经〉（十二卷本）缀合研究》，《敦煌吐鲁番研究》第 16 卷，上海：上海古籍出版社，2016 年；张涌泉、刘溪：《古代写经修复缀接释例——以国图藏〈佛名经〉敦煌写卷为中心》，《宗教学研究》，2015 年第 4 期。此外，张磊有《敦煌遗书〈佛说佛名经〉（二十卷本）研究》硕士论文，刘溪有《敦煌本早期〈佛名经〉写本研究》硕士论文。

录如下：

敬写大佛名经贰伯捌拾捌卷，惟愿城隍安泰，百姓康宁，府主尚书曹公己躬永寿，继绍长年，合宅枝罗常然庆吉。于时大梁贞明陆年岁次庚辰伍月拾伍日写记。

上文题记里的“贞明六年”即后梁贞明六年（920）。写于同一年的 4 个敦煌卷子，可证在五代后梁时期的敦煌流行十六卷本的《佛说佛名经》，与摩崖石刻中的“《大佛名经》一部十五卷”本在时间上接近，分卷数最接近，可以互相印证，说明石刻中抄经功德记的时间在唐末五代。2004 年在江西省赣州市慈云寺塔内出土了十六卷本的《大佛名经》第十二卷，为北宋时期的遗物。[8] 敦煌文献里 S. 1604 沙州节度使帖河西都僧统，“令诸寺礼忏不绝，每夜礼《大佛名经》一卷”，正是因为《大佛名经》中不仅有千佛的名称，关键还附有礼忏的内容，用于僧人日常持诵。

千佛图像是石窟寺、寺院壁画里的常见而重要的题材。《佛名经》里记诸佛名称及图像，因此与千佛图像存在密切关系，往往成为绘、塑、刻千佛图像所依据的文本之一。关于千佛图像与《佛名经》之间关系的研究也较多①。在佛教典籍里，有关千佛名号的经典有多部，运用图像形式表现的千佛图像的佛经一般有《过去贤劫千佛名经》《现在贤劫千佛名经》《未来星宿劫千佛名经》和《十方千五百佛名经》等经，包含了三世三千佛，尤其是与现在贤劫千佛的经典最相关。[9] 千佛图像成了各地人们常见的基本的佛教造像题材，广泛见于佛教洞窟、造像碑、造像塔等佛教题材当中。沙武田先生在研究千佛造像的功能意义时认为：佛教徒们要想能够获得好的果报，就应该喜、信、持、诵、书、传、画、供养、赞叹和礼敬三世三劫诸佛，诸行为中喜、信、持、诵、供养、礼敬都是个人的态度和行为，属于自身行为层面；书写和作画，也是个人行为，但其目的包括供他人观看和礼敬，亦属于交流表达层面。[10] 因此佛教徒们常见的功德行为中，既包括了抄写《佛名经》，也包括绘制千佛图、雕刻千佛造像时重要的参考文本之一。

碑文中提到了“设斋表庆毕”。佛教设斋活动结束后，往往要宣读斋文。“斋文”即于斋会宣读的各种斋文。敦煌文献里有许多“斋仪”文，其实是为僧俗作者写作提供参考的“斋文样式”类文书之汇集统称，如 P. 2940《斋琬文一卷并序》就是汇总了各种斋文样式的一部书，虽仅一卷，却由序、目录、正文三部分组成的一部完整的唐宋斋文著作。其正文部分所包含的各个子目（即“斋文样式”）经过加工改造便可成为斋文用于斋会。郝春文先生校录了 P.2940《斋琬文一卷并序》所存斋文样式名目[11]，大约有如下十个大类：

一、叹佛德　王宫诞质　逾城出家　传妙法轮　示归寂灭

二、庆皇猷　鼎祚遐降　嘉祥荐社　四夷奉命　五谷丰登

三、序临官　刺史　长史　司马　六曹　县令　县承　主薄　县尉　折冲

四、隅受职　文武

五、酬庆愿　僧尼　道士　女官

六、报行道　被使　东　西　南　北　讨征　东　西　南　北

七、悼亡灵　僧尼　法师　律师　禅师

① 代表性的著述有：贺世哲：《关于北朝石窟千佛图像诸问题》，《敦煌研究》1989 年第 3、4 期；梁晓鹏：《敦煌莫高窟千佛图像研究》，北京：民族出版社，2006 年；沙武田：《千佛及其造像艺术》，《法音》2011 年第 7 期；张善庆：《莫高窟第 72 窟千佛图像与敦煌十六卷本〈佛说佛名经〉研究》，《敦煌学辑刊》2023 年第 2 期。

俗人 考 妣 男 妇 女

八、述功德 造绣像 织成 镌石 彩画 雕檀 金铜 造幡 造经 造堂 造浮图

九、赛祈赞 祈雨 赛雨 赛雪 满月 生日 散学 阙字 藏钩 散讲 三长平安邑义 脱难 患差 受戒 赛入宅

十、佑诸畜 放生 赎生 马死 牛死 驼死 驴死 羊死 犬死 猪死

其中的第八类斋文样式，正是上述功德斋文，将写经、造像、壁画、镌石、造幡等活动，视为功德，往往要举行盛大的斋会来庆贺。在敦煌藏经洞所出的绢画上，正有一幅晚唐乾宁四年敦煌人张淮兴所绘“炽盛光佛并五星禘”佛像之后行表庆的题记：“乾宁四年正月八日弟子张淮兴画。表庆讫。”董华锋先生通过对川渝石窟中所保存的1200则唐宋摩崖题刻中出现的庆赞斋会的研究表明，“设斋表赞庆”“设斋表庆”“修斋表庆”“表庆”等表述自8世纪中叶开始在唐宋川渝摩崖题刻材料（如造像记、妆修记、塔铭、碑记）中频繁出现[12]，反映了这类佛教斋会、表庆在唐五代宋时期的繁荣。

我们认为碑中部文字，应该属于抄写《大佛名经》、造千佛像后举行斋会的内容。斋会通常有抄经活动、布施活动与宴请斋食等活动，碑文中部的布施铜钱正是对抄经、造千佛像功德斋会上布施活动的记录，反映了唐宋时期四川地区民众所举行的斋会活动具有极强的佛教仪式性。虽然依碑刻文字不能完全复原庆赞斋会的全部内容，但是至少从不完整的题刻信息中折射出下层民众及果州地方基层官员积极参与佛教仪式活动的具体而丰富的信息。举办斋会的目的多种多样，既有祈福，也有禳灾。

碑文中部抄经功德记提到了“法直官”，这一官职首见于唐代。唐德宗建中二年（781）前，首先在中央朝廷的刑部、大理寺设置通晓法理的法直官，唐德宗贞元八年（792）也在御史台内设置法直官一员，由通晓法令者充任。之后大约在各地方藩镇节度使府院内设法直官一人，同要籍、逐要亲事为节度使提供法令方面的服务，从而在地方上也始有设立，但仅局限于节度治所州的使院内。唐代后期，地方州县的法直官，见于石刻资料的很少，如唐僖宗光启二年（886）十一月所撰的《陈公谊妻李氏夫人墓志铭并序》中称“有侄男瑜，万年县法直官”，为唐末赤县有法直官之例。英藏敦煌文献S. 6229V牒文有“丙子年五月日法曹官邓延晟牒”，丙子年可能是916或976年，说明在五代宋初的敦煌地方官府内也有法曹官，可能与法直官同置。到了后唐长兴二年（931）八月二十九日，朝廷敕令于刑部、大理寺内各置法直官两人，应当是继承自唐代制度。这是法直官在五代后唐时复置的史料。法直官在后唐大理寺的具体职掌见著于《五代会要》卷16《大理寺》条下：

后唐长兴二年（931）八月十一日，大理卿李延范奏：“当寺今有要切事节，谨具逐件如后：一件，寺司每奉敕旨断案，准格须委法直司据罪人所犯，检定法条，本断官将所犯罪名，并所检法律及法书本卷，对验不差，然后逐件于法状上署名，下法定断。伏见寺司案内，每将法直官所检条件法状，备录在详断案。伏准格文，法直官只合录出科条，备勘押入案，至于引条判断，合在曹官。仍不许于断状内载法直官姓名者”。[13]

据上文，法直官职掌检定法条，而最终断案结果则由法曹官给出。到了后周太祖广顺三年（953年）二月，天下诸道州府也出现了专职的“检法官”即法直官。有学者研究指出真正

意义上的专职“检法官”普遍设立于全国各州，并以制度为保证使其行使职权，是宋代初年设置的“司法参军”，专门负责“检法议刑”，实行“鞫谳分司”制度。[14] 万山寺摩崖石刻有前果州法直官蒲某的记载，大约是五代宋初时期果州官府内所设置的职官。据“法直官”这一职官的设置历史而判断，碑中部抄经功德记中所记之事大约在晚唐五代时期。

综上，我们对碑中部的造像功德记和抄经功德题记文字的释读与复原，认为它与抄写《大佛名经》密切相关，而《佛名经》又是千佛图像的重要文本依据，因此与摩崖石刻右上侧的两行千佛造像 K2 就又发生了密切关联，很可能即是雕刻 K2 千佛造像的功德记。一般而言，摩崖及石窟寺壁画里的千佛图像依据佛教经典而雕而绘，会有许多排，如莫高窟第 98 窟窟顶四坡的千佛图像至少为 7 排，总数约计 703 身千佛图像。而万山寺摩崖 K2 上的千佛图像仅有 2 排，每排只有 5 尊千佛像，这很值得注意，显然这些佛像只具有象征千佛的意义，而不可能是建于此处的石窟寺实际上原存的千佛图像。

3. 碑下部

如果把碑下左部文字【标记 D】和碑中中部文字第7行文字连接，从右往左，可以接读为：

……武成三年十一月六日/□□□洞□道士王□□/……王祯等一十二人同发心造□……/……赵仙、赵都、赵崇……

这类文字，从格式上看，应属于造像功德记文字。修建道教“一天尊二弟子二真人二侍童”像而雕刻功德记的典型代表如阆中石室观石窟《赵法会等造像记》：

大隋开皇十五年十月十五日，三洞弟子赵法会，道民侯董子（人名略）等五人同共发心，各抽身口之分，并舍临用之财，凿此岩石，敬造天尊形口并左真右真仙童仙女，一心供养。……六道四生，并同此福。（姓名略）[15]

从上引造像记的格式可见，起首以年代开头，继而说明发愿造何像供养，尾则列出各供养人名。与之相对比，碑下部的 D 区文字，正与道士发愿造道龛造像有关，修龛造像的是道士王姓、赵姓等人，属于道教造像题记的内容和性质。它的修造题记是前蜀王建武成三年（910）十一月六日。这段造像记的内容正是对应于摩崖石刻右侧的道教龛造像（K1）：主尊是老君像，左右是胁侍的真人像，真人像外是二弟子立像。所以它应该是 K1 的题记。

通过考释碑文各部分内容，我们认为摩崖石碑上的内容明显可分成三个部分：

（1）碑上中下 A+B+C 属于《龙归院记并序》碑，A 属于碑阳部分，B+C 属于碑阴部分。所记内容应该都是五代前蜀时期龙归院住持院主僧行宣（俗姓蒲）等蒲姓、赵姓人氏结社修建龙归院完成后所立的碑。碑文下部的那道裂缝是刻碑人有意识地雕刻出来，以对碑文内容和其他内容进行明确的分割。这种现象，令人联想到南充阆中文城镇灵城岩“明瑞院”里的元代白话圣旨碑：它在碑刻中间隔断部分刻意用线刻祥云纹饰区分了圣旨碑的内容，将碑刻内容有意分上下两部分，以示上下文其实是各自独立的两篇文告。碑上刻出的裂缝与圣旨碑上的纹饰，都有区分、分隔文字的功能，意图是类似的。

（2）碑中部，用明显的行格线标识出来的 E 区文字属于造像、写经功德记性质，主要内容是由社邑组织经会，发愿抄写《大佛名经》一部十五卷，并举行斋会纪念，对供养人的功德予以记录。这一部分从内容上看，也属于佛教结社造像的功德题记的内容和性质。它也可能与《龙归院记并序》碑阴有关系，因碑阳正文后部残缺不全的文字里已经提及“经会”、“诸社人”等抄经、造像的情况。但因《龙归院记》碑尾部信息残泐太多，信息并不完整，抄经功德记文字也可能完全和龙归院没有关联，而是一篇与龙归院碑文完全无关的另一方抄经、造像的功德记，与碑文各自独立。我们倾向于最后这种解释。

（3）碑下部的 D 区文字，属于道教造像题记的内容和性质，它有明确的纪年，为前蜀王建武成三年（910）十一月六日。它所指向的似是崖面正中的道教造像，前贤学者运用造像题材、风格和龛窟形制等类型学方法已判断出与中晚唐以来的道教造像特征相符合①。

综上考述，我们通过对碑文内容的考释与分析之后的认识有如下两点：

万山寺摩崖石碑其实包含《龙归院记》碑、造千佛像及抄《大佛名经》功德记、造道教龛像功德记三个部分的内容，并且有意识地进行了区分（用行格线、空行、有意凿出的裂缝、阅读顺序的不同等手段），使它们能够各自独立、区分明显。

万山寺摩崖石刻其实是一个不可分割的整体性石刻。摩崖石碑的文字内容和它左侧的道教龛造像（K1）、两行千佛造像（K2）之间是有密切关联的，左为造像，右为造像题记，以“左图右史”的方式展现于一崖，大约于同一时期被有意地凿刻于同一崖面，有整体性的设计考虑。它被有意分成了上、中、下三个部分：上部的《龙归院记并序》来自于龙归院石碑残石，中部的抄经、造千佛像功德题记对应于摩崖两行千佛造像（K2），下部的武成三年造像题记对应于摩崖石刻文字左部的道教龛造像（K1）。

三、龙归院所在位置考

前引述罗洪彬先生经过实地田野调查，结合文献记载，认为此碑不是万山寺本地所有，而是原存于一个叫“龙归院”的寺庙里。而龙归院的地理位置，碑文中明确说明“龙归院者，贯南充县善乐乡夏平里”。此处的地理位置特征是“岗峦北枕于溪流，苍翠南连于云峤”，即北面有河流，南面是苍翠的群山。笔者赞同罗文的观点，并加以补充、论证如下。

“善乐乡”这一地名，见于宋代的地理志书《元丰九域志》②卷七“梓州路”“果州”条下：

> 望（县），南充（县）。一十四乡。曲水、溪头、罗获、长乐、龙门、儒池、板桥、龙合、泸溪、善乐、琉璃、彭城、流溪、安福、小虢、日富、景店、华池一十八镇。有果山、嘉陵江。[16]

北宋南充县的善乐乡应该从唐五代沿袭而来，考其地理位置，在南充西北，大概在今双桂镇辖境内。任乃强在《民国新修南充县志》里称“善乐镇，无考，当在今西北两区间”[17]，大概的地理位置在南充西北方向。

《〔民国〕新修南充县志》卷五任乃强所修《祠墓志》中记载有两个叫“龙归院”的寺庙。其一：“龙归院，在双桂场西十五里普安寨内，为唐代古刹。明万历、清康熙时并经增修，甚宏敞。”[18] 其二：“龙归院，在永兴场李家坝，距城五里，明万历十六年建巨石庙，清雍正、嘉庆、光绪时均经培修。”[19] 双桂场普安寨，当

① 相关论述分别有：蒋晓春、罗洪彬、符永利，等：《嘉陵江流域石窟寺调查及研究》，北京：科学出版社，2018 年，第 289 页；徐强：《川东北零散隋唐佛教龛窟研究》，上海师范大学博士学位论文，2019 年，第 79 页。

②《元丰九域志》虽为记载北宋中期政区的地理总志，但本源于唐《十道图》，是考定地方赋役的重要依据，对唐末五代宋初各地的政区沿革记载详实可信。

即今庞家山寨，实乃一音之转。《〔民国〕新修南充县志》明确称龙归院为唐代古寺，是南充两个“龙归院”中时代最早的明确记录，当有民俗学、方志学的依据，和《龙归院记》碑文所记龙归院于唐代荒废、五代前蜀时期重修而成的历史正相符合。

在南充籍著名历史学家任乃强先生晚年自撰的自传性质的回忆录——《筱庄笔记》①里，对他的家乡南充双桂场水西里、庞家山寨的一个寺庙“龙归院”有一些记载，对于判断龙归院记碑原来所在的位置十分重要，兹按重要程度引述几条资料如下：

（1）庞家山，为略似重庆山城之一山寨，位西溪之南，距南充市五十余里。里甲属双桂场，全山住民旧编为水西里。……（庞家山寨）有小浅土阜曰宝积山，建有四层重殿之大寺，曰龙归院。为全寨结社赛神醮禳中心，亦为私塾及后之小学所在。我（按：任乃强）幼时读书于此。[20]

（2）庞家山寨，位于西河南侧，此地距离周边的双桂、五龙、三元、中和等四场镇，距离基本相近。其中，双桂场是“首场”。西溪与其支流大木沟、花石沟在庞家山四周环抱，因侵蚀而形成高约十丈的悬岩，地势险要，自明清以来，四方均筑有城寨，故称庞家山寨。出入山寨，只有小路可以盘曲上下。庞家山寨南门，则有一通道和五龙场连接，名“火石垭”。从东门下崖到花石沟，经花石桥有大路可通往双桂场，是赶场入城的最便捷通道，因为此故，庞家山寨在清代时属双桂场管辖。庞家山寨东北方向，土地较为平坦，分布有园坟山、书坟山、张家山等丘陵，其中一座相对较小的小土山包，名叫宝积山，上面建有四层重殿的大寺庙，是为“龙归院”。这是全寨结社、赛神、醮禳的中心位置，同时也是私塾，后来被改建为小学。庙宇的周边，是庙产文昌会田以及僧田②。

（3）龙归院寺庙，历史十分古老，修建于宋元时期。最初（寺址）位于大山北侧的二层岩盘上（位置更靠近西溪河）。在明万历年间原寺被毁后，改建于宝积山上。清康熙年间及以后，渐修有三官堂、文昌殿、藏经楼，寺内有桂树、榕树、黄桷树，有百年以上树龄。任乃强幼时在龙归院读书时，亲眼所见有一尊宋代磁鎏金韦陀像，高二尺余，像合掌而无杵。据耆旧传说是清代中期时，百姓从龙归院旧址处挖掘而来后供奉于宝积山龙归院新址之内的③。

（4）庞家山寨曾出土北宋大中祥符银器窖藏。据传言，清光绪二十七年（1901），任正先兄弟在庞家山寨漆树湾耕种时，从田地掘出一件织金兜鍪，下盖一瓦坛，坛内装满各种银器，有的银器上镂刻有宋真宗“大中祥符”（1008—1016）年号。任乃强父任学积曾买到一件银茶

① 任乃强回忆录写于1968—1969年任乃强先生回到家乡期间，书稿共分6个部分，其中《身世录》里任乃强先生记录了从其出生至20世纪40年代的人生经历，包括对先辈、家族、家乡，童年时代、求学经历的回忆及其所闻所见的社会变革，接触的重要人物、参与的重大事情的详尽记录。《筱庄笔记》先由任新建与何洁于2017—2019年间将有关章节辑录后，加以校注，公开发表在《中国藏学》杂志。2022年后，由南充市嘉陵区委宣传干部赵启书先生根据收集到的任乃强先生的手稿等相关资料，用传记文学的方式，撰写成《多宝道人任筱庄》书稿（25万字），发表于其微信公众号“启书有益”里，补充了任新建与何洁辑录、校注文章的一些细节内容。笔者在撰写论文的过程中利用了以上两种资料，并标注出处，谨对原作者致以谢意。

② 改写自赵启书《多宝道人任筱庄》（书稿）“01 诞自双桂庞家山”，部分内容因行文需要而经笔者改写过。以下皆同。

③ 赵启书《多宝道人任筱庄》（书稿）“01 诞自双桂庞家山”。

盅，有盖有盏①。

（5）庞家山寨多宋代古墓，证实宋时有居民居住于此地，有乡里之设置。在庞家山寨南门内时泰山下的何家嘴等处，多现宋代古墓室，有墓门，门上有花纹。室内用大石板嵌合成椁，并排放置，有时候连起来有十多间，墓内多残留人骨②。

据出土宋代磁鎏金韦陀像、宋大中祥符年间银器窖藏及宋代石室墓，证明在宋代时，庞家山寨里确实有一个重要的居民点，怀疑即是地理志书中南充“善乐乡、夏平里”所在的可能区域，而龙归院寺院就在这一区域内。与“夏平里”这一小地名相映成趣的是，当 1969 年秋，75 岁高龄的任乃强先生回到家乡南充双桂乡下庞家山寨、下路湾石室隐居著述时，将“下路湾”改名为“夏乐湾”，取其石屋居住冬暖夏凉、自得其乐之寓意。夏平、夏乐，相隔一千年，却冥冥之中暗契暗合。

在今南充嘉陵区天星乡也有一个龙归院，龙归院碑是否出自于天星乡的龙归院呢？调查地方志书，从历史地名源流上进行辨析，可能性较小。天星乡的龙归院，于明万历十六年（1588）才始建 [21]，后续有清代多次的重修重建③，主体建筑典雅，基本保留了明代的建筑风格 [22]，但是没有唐五代宋以来的文献传承记录。至于其得名“龙归院”，仅是因为院址小山丘（人称玉台山）下有五个龙洞子，因此才得名龙归院 [23]。而天星乡名称的出现更晚，于 1981 年因“永兴”重名而改。其原名“永兴场”，相传是明成化年间始建场兴市的场镇。明代先有永兴场，后才有永兴场龙归院的修建。因此，依据地名演变的历史沿革，永兴场玉台山龙归院的时代要远远晚于前述建于唐代而重修于五代的双桂镇庞家山寨的龙归院，虽然其现存的建筑要比双桂龙归禅院的建筑要早、保存得更好，但其实是在双桂龙归院毁坏之后才建成的。双桂镇附近还有“礼乐乡”（原名“五龙场”，清末时属双桂，后才析出立乡，1981 年地名普查时因五龙重名而改礼乐乡），据当地民俗传说，共有五条龙归入西溪水而得名五龙。由于有此民俗传说的广泛传播，在西河附近的周边，龙归院有多处，并不奇怪，而且历史时期传承有序。龙归院记碑，明确记载唐末五代南充善乐乡有龙归院，五代前后蜀时由蒲和尚重修。今天的双桂龙归院村，因古老的龙归院而得名“龙归院村”，一直传承到今日，小地名一直没有改变。

龙归院碑，也不可能原出于现在摩崖石刻位置所在的石楼乡袁家店村万山寺。石楼乡，旧原属双桂，1951 年才析双桂立石楼乡，因其驻地有清代当地人韩孜所建石牌楼（简称石楼）而得名。[24] 袁店村原为石楼乡十大队，有袁家店、袁家沟等地名，皆因住户多姓袁而得名。首先，历代南充地方志里，没有在袁店村有龙归院的历史记录，却在民国时的县志里确实有一个叫“万山寺”的寺庙：“万山寺，在治西二十八里。”[25] 从地理方位上正符合万山寺目前的地理位置，可惜无创建时代的记录。其次，摩崖石刻位置所在的万山寺，距离北边的西河较远，与碑文所述地理位置不相符。最后，有学

① 赵启书《多宝道人任筱庄》（书稿）“01 诞自双桂庞家山”。

② 赵启书《多宝道人任筱庄》（书稿）“01 诞自双桂庞家山”。

③ 来自于罗洪彬博士的实地调查脊榑墨书题记，发现天星乡龙归院后殿为康熙六十二年建、道光三年维修。前殿为乾隆元年重建。蒋晓春、罗洪彬、符永利，等：《嘉陵江流域石窟寺调查及研究》，北京：科学出版社，2018 年，第 290 页。

者认为通常寺院营建过程中，往往在原基址上屡废屡兴，极少迁移至远离原址之地重建且以原名命之，因此推测万山寺的前身就是碑记中的龙归院。[26] 但正如该学者调查时所见，摩崖石刻K1为道教题材造像，与龙归院记碑所记为佛教寺庙相矛盾。而现存的一南一北两个相距较远的龙归院并存的事实，也不支持该学者的结论。我们前述对碑文下部内容的研究已经指出：碑文下部的D区文字，是道士发愿造道像的题记内容，正是对应于摩崖石刻右侧的道教龛造像（K1）的题记。说明摩崖石刻其实混合了不同的历史时期的碑文、造像、题记在一个整体的平面上，我们并不能据龙归院记碑文刻于此而得出万山寺就是一个道观，或是一个佛寺龙归院的推论。

那么，龙归院碑文，为何从原址双桂庞家山寨飞越几十里而到了石楼乡袁家店村的摩崖之上了呢？目前缺乏明确证据，笔者仅能提供一种可能的猜测：

原在双桂庞家山寨的龙归院记碑可能在明万历、清康熙重修时已经损毁不见，故在任乃强撰写《〔民国〕新修南充县志》卷五之《祠墓志》时，不能见到原碑及碑文，也未在“龙归院”条下及《艺文志》中抄录这件碑文，说明至少在明清之际，龙归院记碑已经不存于双桂庞家山寨龙归院寺庙内。可能包括龙归院记碑在内的许多其它残碑断碣在某一时期被收集、保存到了同属双桂的“碑坝”（今石楼乡十大队袁店村万山寺处地名俗称“碑坝”，说明这里收集并保存有许多残碑断碣，于今仍在万山寺石刻处有摩羯鱼等残石存在可资证实。罗洪彬博士曾实地调查访谈，据当地老人称，此处原有的许多碑碣曾被移走，用于修建当地的小学校），当后人在碑坝看到龙归院记残碑、道教石龛、千佛造像等碑刻材料时，就利用此地突出的石崖平面，复制、复刻了碑文、题记与造像于一个崖面之上。

四、结论

如何使用崖面进行窟龛的雕刻，是一个在石窟寺调查研究中运用考古学方法时值得注意的问题。崖面的使用，有一个佛教石窟考古学理论①，该理论认为：在崖面上开凿洞窟，一开始悬空开凿，受地面与洞窟间的交通与劳动条件等因素的限制，每一个时期所开凿的洞窟相对比较集中，后来开凿者必以先开洞窟为中心向崖面的左、右两边或上、下扩展，从而在崖面上形成一个个“时代区域”，表现为在崖面上形成按时代顺序排列组合的有规律特征，从而可以从“崖面利用”上考察雕造的年代学。[27] 我们受此理论的启发，再与明确的雕造历史较久的四川成都龙泉驿天落石进行比较，两块石头的崖面在整体面貌上具有类似特征。龙泉驿天落石上的雕刻就体现了石窟寺崖面使用理论，历代围绕以北周强独乐所雕佛龛为中心，时代较晚的雕刻左右上下扩展排列于崖面。我们观察了南充万山寺摩崖：先雕刻出的应是崖面正中央的K1道教龛，围绕K1龛，向左右扩展雕刻了摩崖石碑和千佛造像（可能并未全部完成）。与历代皆有雕刻的天落石上

① 初师宾先生曾对石窟外貌与石窟研究关系作过探讨，马德先生则运用崖面的排列与组合的理论方法，研究敦煌莫高窟的营建历史，解决莫高窟的分期、断代和排年问题，取得了卓著的学术成果。相关研究可以参看：初师宾：《石窟外貌与石窟研究之关系——以麦积山石窟为例略谈石窟艺术断代的一种辅助方法》，《西北师大学报》（社会科学版）1983年第4期；马德：《敦煌莫高窟史研究》，兰州：甘肃教育出版社，1996年。

造像、题记排列相比较，万山寺摩崖上的龛像、碑刻呈零散的、独立存在的特点，更像是同一时期一次性统一计划、安排和完成雕刻的，而不像是在不同的历史时期渐次雕刻形成的样子。

复刻碑文、造像功德记、佛道教造像的人，已经不可考证。但从其复刻碑记时，每行刻字在26—30字之间，并不固定统一，平均每行约27字，刻写的字体也大小不一，说明此人复制刻碑时较为草率，可能并没有忠实地反映原碑的面貌。将佛教造像和道教造像以及佛教寺院龙归院的碑文、功德题记一古脑地、同时复制在一个崖面上，并不是出于“三教合一”这样复杂的观念，而表明复制人的文化水平可能并不高，复刻碑文及复制佛教、道教造像于摩崖的目的可能仅出于功德供养。复刻的时间可能是比较晚的，也许在清代晚期甚至民国时期，和摩崖石刻周边所刻的类似壶、刀剑等多见于清代寨堡时期的情形也比较符合。由于欠缺确切证据，对于复刻碑文、造像、功德记的情况，本文只提出一种雕刻意图的猜测，我们还要期待新的证据（如龙归院记原碑石和相关考古新出证据）的出现。

（致谢：在对万山寺摩崖石刻进行调查及论文撰写过程中，我们得到了罗洪彬博士的大力帮助，他不仅提供了碑文的拓片，还提供了他历次调查的照片及田野访谈线索。我们也在论文中引用了赵启书先生未曾出版的电子书稿《多宝道人任筱庄》和西华师范大学文学院徐强教授的博士论文，在此一并谨致谢忱。）

参考文献：

[1] 杨宝玉. 敦煌写本《贰师泉赋》作者考辨 [J]. 敦煌学辑刊，2021（4）：14－21.

[2] 吴宗国. 唐代科举制度研究 [M]. 北京：北京大学出版社，2010：268－269.

[3] [4]（清）吴任臣，撰；徐敏霞，周莹，点校. 十国春秋 [M]. 北京：中华书局，2010：601、511.

[5] [6] [15] 蒋晓春，罗洪彬，符永利，等. 嘉陵江流域石窟寺调查及研究 [M]. 北京：科学出版社，2018：247－248、249、243.

[7] 张磊，刘溪. 国图藏敦煌本《佛名经》残卷缀合示例 [J]. 浙江社会科学，2015（6）：126－130、159－160.

[8] 中国社会科学院考古研究所，赣州市博物馆. 慈云祥光：赣州慈云寺塔发现北宋遗物 [M]. 北京：文物出版社，2019：12.

[9] [10] 沙武田. 千佛及其造像艺术 [J]. 法音，2011（7）：56、84.

[11] 郝春文. 中古时期社邑研究（修订本）[M]. 上海：上海古籍出版社，2019：410.

[12] 董华锋. 唐宋庆赞斋会考论——以川渝石窟摩崖题刻为据 [J]. 宗教学研究，2023（5）：110.

[13]（宋）王溥. 五代会要［M］. 上海：上海古籍出版社，2006，270－271.

[14] 陈景良. 唐宋州县治理的本土经验：从宋代司法职业化的趋向说起 [J]. 法制与社会发展，2014（1）：113.

[16]（宋）王存，撰；王文楚，魏嵩山，点校. 元丰九域志 [M]. 北京：中华书局，1984：323.

[17] [18] [19] [25] 王荃善. 民国新修南充县志 [M]. 成都：巴蜀书社，1992：197－198、222、260、133.

[20] 任新建，何洁. 我的青少年时代——任乃强《筱庄笔记・身世录》录注（一）[J]. 中国藏学，2017（2）：116.

[21] [22] [23] [24] 南充县地名录领导小组. 四川省南充县地名录 [M]. 四川省南充县地名领导小组编印，1989：239、395、85.

[26] 徐强. 川东北零散隋唐佛教龛窟研究 [D]. 上海：上海师范大学，2019：80.

[27] 马德. 敦煌莫高窟史研究 [M]. 兰州：甘肃教育出版社，1996：42.

四川大邑县药师岩第15号龛像研究①

符永利　牟奕欣②

摘　要：在位于四川大邑县的药师岩摩崖造像中，第15号龛较为独特，内雕苏东坡、佛印、黄庭坚三人并坐像。这种组合关系，在佛教题材为主的石窟造像中十分少见。通过对此龛形制、题刻、造像特征及与邻近龛窟关系方面的考察，得出其造像改刻于明代，进而根据对东坡形象的考察，对此龛三尊造像的具体身份作了补充推断。从明代社会对三人形象的构建中探究此龛改刻的原因，从而为研究特殊题材龛像及社会思想流变积累了材料。

关键词：大邑药师岩；苏轼；佛印；黄庭坚；三教融汇

药师岩摩崖造像位于四川省成都市大邑县飞凤山，据传以刻于唐开成二年（837）的药师大佛而得名，现存晚唐至明代造像44龛、1088躯，是大邑境内规模最大的一处石窟造像，已被列为四川省重点文物保护单位。在药师岩数量众多的佛教龛窟中，第15号龛因其独特的造像题材而引人注目，龛内雕刻苏轼、佛印、黄庭坚三人并坐像（下文简称东坡三像），清晰展现了儒、释甚至道家的组合关系，对分析佛教对当时社会思想的影响以及苏、佛、黄三人的造型演变及源流关系具有重要价值。本文即以此龛为中心，尝试对该龛的年代、造像具体身份、改刻原因等进行一番论述。

一、药师岩第15号龛简况

根据2014年出版的《四川大邑县药师岩石窟寺和摩崖造像考古报告》[1]（以下简称《药师岩考古报告》），结合笔者实地考察，将药师岩第15号龛（图一）的基本情况介绍于下：

此龛为双层龛，外龛为长方形，内龛为佛帐形，经后代补扩打破13号龛右壁以及14号龛左上方题记，拓展之后龛高127厘米、宽137厘米、深46厘米。

龛内雕通壁佛坛，其上并排坐三尊造像，中尊为跏趺坐姿，左右两尊③为倚坐姿，头部为后补，全身经过现代妆彩。中尊像束髻留须，身着双领下垂式袈裟，双肩覆衫，胸前束带，结跏趺坐，露右脚，双手施禅定印，衣襞覆坛，下摆呈左右三角形、中间弧形的三瓣式悬垂。左右二尊像，均戴冠留须，身着广袖长袍，双手置于胸前，腰束带，足着履，倚坐于坛上，

---

① 基金项目：国家社科基金项目“川渝历代纪年石窟内容总录与编年”（23BKG026）；西华师范大学科研创新团队项目“川渝石窟寺调查研究”（CXTD2020－7）。

② 符永利，西华师范大学历史文化学院教授、副院长，考古学博士，巴蜀石窟寺研究所所长。牟奕欣，西华师范大学文物与博物馆硕士研究生。

③ 文中“左右”方位是按照龛的方向判定，与观者的左右方位相反。持念珠像称为“右尊”、持笏像称为“左尊”，中间跏趺坐像则为“中尊”，后文按此称呼。

双袖向两侧呈八字形垂于小腿两侧。左尊像肩覆披帛，着尖头鞋，双手执笏；右尊像胸部以上均为现代修补，着云头鞋，双手持念珠。（图二）

发现造像题记两则，其一位于龛楣左侧，已残，从右至左存 5 列：“……观音……/女弟子何……/合家平安……/供养会……/去一切劫……/”；其二位于第 13、14 号龛之间龛柱中下方，第 15 号龛外左侧，竖式楷书一列：“子瞻鲁直佛印遗像修能识。”（图三）原报告认为题记一刻于晚唐，题记二则为明代所刻。

图一　药师岩 15 号龛正面照

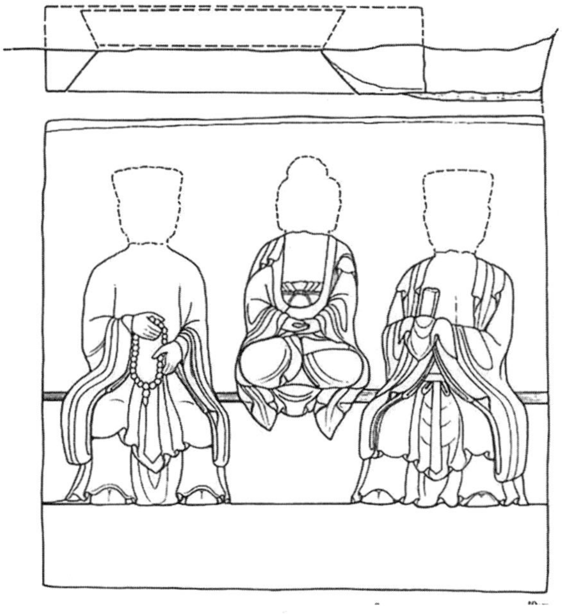

图二　药师岩 15 号龛线图
（采自《药师岩考古报告》第 99 页）

图三　药师岩 15 号龛题记拓本
（采自《药师岩考古报告》第 100 页）

二、龛像年代判断

第 15 号龛现存遗迹并非同一个时期内完成，因此需要将不同遗迹归入各自不同的时空位置上去。如前所述，此龛形制为外方内佛帐形双层龛，据原开创者刻于内龛楣左侧的题记可知，此龛最初应为何姓女供养人供奉观音像以祈求家人平安所凿。后来者出于某种原因进行改凿重刻，原观音像被改为东坡三像，并将内龛向两侧进行拓展，打破原 13 号龛右壁以及

14 号龛左上方题记。从现有崖面分布关系看，第 14 号龛位于 15 号龛正上方，13 号龛位于 14、15 号龛左侧，而 16 号龛则位于 14、15 号龛右侧。（图四）因为 15 号龛经改刻之后，使之与 13、14 号龛之间存在打破关系，所以对于第 15 号龛的年代判断，需要结合周围 13 ～ 16 号甚至 17 号龛的具体情况进行论证。

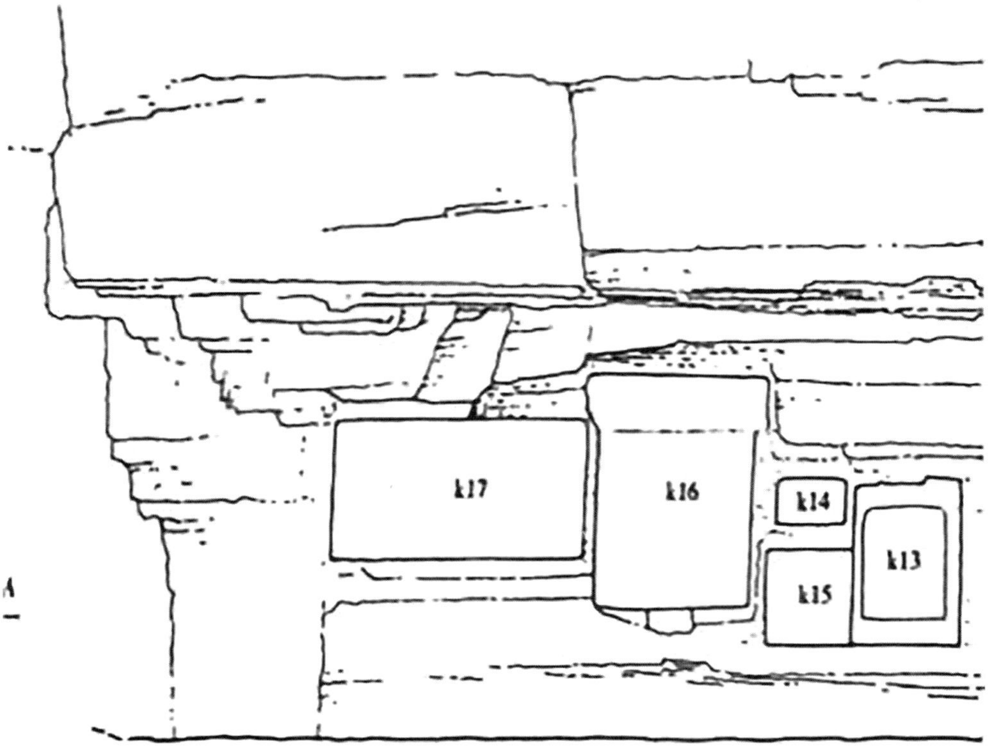

图四　药师岩第 13 ～ 17 号龛立面图（采自《药师岩考古报告》附图 1）

首先，从龛的形制来看，13 ～ 16 号龛都为双层龛，其中第 13、15、16 号龛外龛为方形、内龛为佛帐形；第 14 号龛外龛方形、内龛尖桃形。佛帐形内龛属于晚唐时期的特色龛形，尖桃形龛于南北朝时期至唐代均有出现，因此，从龛窟形制上可初步判断 13 ～ 16 号龛为同一时期开凿，且年代应为晚唐时期，均经过后期的改凿改刻。

其次，可从题刻结合造像特征来考察。先从题刻较多的第 13 号龛开始，此龛发现有四处纪年明确的题记，主要内容简列于下：

题刻 1：“大邑县沐德乡石门子居奉/佛舍财信士张满秀同缘杜氏四/男妇张润舟付氏大孙男张笔/张兆张吉合家等镌妆/阿弥陀佛韦驮尊天罗汉二位祈一/家人福寿延长者/嘉靖十一年八月十一日立”；

题刻 2：“/奉/佛祈嗣信士周万年/同缘杨氏大/李氏大/镌妆旗龙童子左右二位/嘉靖十八年二月初一日/祈保瓜瓞联芳立/为记”；

题刻 3：“/成都府川北道达州/……道……具……/……千……胜……发……/弥陀……是……/佛果……/上同故师……本……/康熙贰……春

……月初……/妆功……者……本邑……”；

题刻4:“大邑县门……信人/……/王洪同妻……发心/装彩国色衣七件/佛祖位前扣敬人口盛/兴吉祥如意清吉无事之/中华民国二年正月吉日立。”

由上可知，13号龛现存最早题刻的年代为题刻1中明代“嘉靖十一年八月十一日”，且根据造像内容“阿弥陀佛韦驮尊天罗汉二位”来看，13号龛中的主尊造像便是此时修建。由题刻2中“镌妆旗龙童子左右二位”“嘉靖十八年二月初一日”可知，此龛中左右二童子凿于嘉靖十八年。由题刻3、4中“康熙”“妆功”以及“装彩国色衣七件”“中华民国二年正月吉日立”可知，此龛造像在清康熙年间和民国二年进行过两次妆彩。

由题刻已可确定第13号龛的改刻造像年代，此处再结合造像的基本特征，以求更多的佐证。13号龛最初的佛帐形龛在经过改刻之后向下、向内拓展，形成半穹窿形内龛，龛中佛像跏趺坐于环形台上，台正面饰三层仰莲瓣。莲瓣造型宽厚，具有花瓣宽阔肥厚、对称分布，整体排列整齐、线条流畅等特点。并且未饰其他图案花纹，有素雅、清秀之风。此类特征为典型的明代风格。据张敏在《从明代佛像风格看汉藏艺术融合》一文中的观点，明代前期的莲花座莲瓣宽窄适中，到中期逐渐宽肥，后期更甚。[2] 那么，第13号龛的莲瓣比较宽肥，应属于中后期的风格。此外，佛像的肉髻也可以反映明代的特征。龛内佛像肉髻高高隆起，形成塔状，与唐宋时期圆润饱满不同，具有明显的印度早期佛像发式的影响，此特征与明朝汉、藏地区宗教文化交流密集相贴合。此龛虽经后世两次妆彩，但其造像特征仍具有典型的明代风格。总之，结合龛内纪年题刻与莲座、佛像造型可知，药师岩第13号龛最初开凿于晚唐，最早改刻于明嘉靖十一年（1532），现存主要造像凿刻于明代嘉靖年间。

第14号龛为一主尊菩萨与左右二残像，其内龛壁面以及菩萨头光、身光均为现代彩妆，主尊菩萨除无璎珞外与第16号龛菩萨特征相同，故对其年代探讨主要侧重于主尊造像，其判断依据同于第16号龛。

第16号龛位于15号龛右侧，其内龛右壁上有一方形小塔，塔上雕楼阁，左壁上方雕经幢，经幢上方有一楼阁，原窟顶有圆形莲花图案，莲花左右各有一身飞天。此特征符合雷玉华在《四川摩崖石刻中的阿弥陀佛与五十二菩萨》一文中总结的C2类四川唐代摩崖龛像的西方净土思想题材。[3] 因此，此龛最初应为晚唐时期的净土造像内容。改刻之后的内龛向内拓展后形成三级台阶，并在第三层台阶上雕有四尊菩萨像（图五）。四菩萨皆坐于高台之上，头戴高宝莲花冠，面部圆润饱满，双耳垂肩，耳部无饰，身披双领下垂式袈裟，肩披云肩，无内衬，悬垂两重璎珞，腹部露出齐平裙腰，裙腰系结。菩萨面部特征符合甘钰萍在《四川明代佛寺壁画菩萨头部造型研究》中总结的规律：明代菩萨“面短而丰腴”，不似唐代的椭圆状，而是缩短面部比例，呈“田”字形。并且，面部五官之间的距离更加紧凑集中，眉眼首尾对齐，间距缩短，整个眉眼部分呈矩形。[4] 从璎珞来看，四尊菩萨像均为联珠纹式两重璎珞，长及腰腹，整体简单，无多余装饰。而唐宋时期菩萨璎珞大多较长，尤其是唐代，璎珞大多华丽繁复，装饰较多。到明代以后，菩萨璎珞长度缩短，呈现简化趋势，与此龛特征较为符合。总之，结合造像面部特征以及瓔珞款式基本可以推断14、16号龛与13号龛一样，均为唐代开凿、明代改刻。

图五　药师岩第16号龛线图
（采自《药师岩考古报告》第102页）

最后考察第17号龛。此龛位于16号龛右侧，龛右壁中上部存有纪年题刻："永历乙未。""永历乙未"即南明永历九年（1655），也即清顺治十二年。自1644年北京失陷后，明朝宗室在南方又相继建立了历时十八年的"南明"政权，"永历"年号就是1646年桂王朱由榔在肇庆称帝时所使用的年号。从这则题刻可推知，此时期的大邑地区仍应归属于南明政权统治，17号龛的年代可置于明末清初。

从以上对15号龛周围四龛的年代考论，再结合其改刻后对13、14号龛的打破关系，可对15号龛的开凿年代作出初步判断。15号龛最初开凿于晚唐，改刻时间应与周围四龛相差不大，大体也在明代，并在13、14号龛之后。具体而言，15号龛改刻的年代上限应不早于嘉靖十一年（1532），年代下限不晚于永历九年（1655）。因此，现存第15号龛的三尊造像年代也应在这个时间段内（1532—1655）①。

三、造像身份辨识

关于第15号龛中三尊像的身份，由题记"子瞻鲁直佛印遗像修能识"可知为：苏轼、黄庭坚、佛印禅师，"修能"应为与此龛有关的僧人。《药师岩考古报告》中有观点认为左尊为鲁直、中尊为佛印、右尊为苏轼，但未展开论证。因此，本部分主要通过现存资料和造像的形象特征对此观点进行补充论证。

首先，最能明确身份的便是三尊造像中间的一尊。该像"身着双领下垂式袈裟，披云肩，胸部可见裙腰，裙腰上束带，结跏趺坐，露右脚、结禅定印；袈裟下摆呈三片悬垂座前"。[5]身着袈裟、结跏趺坐、结禅定印特征均为佛门高僧特有，三人之中唯有佛印禅师身份最为符合。因此，可确定中间一尊造像身份为佛印。

剩下左尊和右尊造像，可提取三个方面对二者进行基本的身份信息辨识。

首先是服装、配饰：左尊像"肩覆披帛，

①关于药师岩第15号龛东坡三像的年代问题，除了《药师岩考古报告》持明代观点，与本文论点一致之外，还存在宋代的说法。如胡亮认为不晚于北宋，卫福华、卫国认为镌刻于宋代或宋以后，但均无具体论证，属于推测之说。参见胡亮《川西石窟的瑰宝——药师岩》、卫福华《川西石窟寺明珠——大邑药师岩》、卫国《药师岩石窟造像的艺术特色》，收入中国人民政治协商会议大邑县政协文史资料委员会编：《大邑名胜今昔》，1994年，第368—388页。

腰束革带”中的“披帛”，在古代，除了皇帝、皇后等高位者穿着以彰显其身份地位之外，一般的贵族、士人也会穿着披帛彰显其高贵身份。而“革带”是指皮制的束衣带（束于袍带之上），用以区分官职高低，故又称“玉带”“金带”。革带的两端朝下喻示官员对朝廷的忠顺。由“披帛”“革带”两者可显示出，左尊像具有更多朝官身份的色彩（或曰道家气息），而右尊像无披帛无革带，仅腰系袍带，则有意减弱了此方面的象征意义。

其次是手持物品：左尊像“双手执笏于胸前”。笏即笏板，又称手板、玉板或朝板，是中国古代臣下上殿面君时的工具。在中国古代，笏板是权力和秩序的符号，同时也代表着对国家和民族的责任和义务。官员手持笏板上朝是一种荣耀，也是一种仪式，更是一种信仰。笏在儒家礼仪文化当中扮演着重要的角色。并且笏的使用也一定要遵循特定的礼仪程序，体现忠诚、正直和公正等价值观念。从这个角度来说，笏也正是对中国古代政治理想和信仰的真实见证。因此，持笏者身份也应与朝廷关系甚密或于此时在朝为官。右尊像“手持佛珠于胸前”。对于信奉佛法的人来说，佛珠代表着修持佛法时的重要法宝，随身佩戴持诵，就可以增加功德、助长道业。因此右尊像一定是修行佛法或皈依佛门之人，至少比之于左尊像具有更浓厚的佛教信仰色彩。

最后是体貌特征方面：在明代描写苏、佛、黄三人交游故事最为出名的便是魏学洢撰《核舟记》，《药师岩考古报告》也认为，第15号龛是参考《核舟记》中三人交往的场景。文中对苏东坡的描述是“中峨冠而多髯者”，即“戴着高帽子，胡须浓密的人”。药师岩第15号龛造像的左尊和右尊都头戴高帽，但从造像形制上看，右尊造像更加符合“多髯”的形象，并且“须多、须长”也可侧面表现出毛发的旺盛。这从三像目前的彩塑情况即可证实，右尊像眉毛相对于左尊来看的确明显更加浓密、颜色更深。而《核舟记》中“鲁直左手执卷”这一信息未在造像中表现出来，文中佛印“左臂挂念珠”也并未在15号龛的中尊像上体现，反而是右尊像手持念珠。

苏轼在《传神记》中说：“吾尝于灯下顾自见颊影，使人就壁模之，不作眉目，见者皆失笑，知其为吾也。目与颧颊似，余无不似者。”[6]人们仅看见苏轼映在墙上的影像便能辨别出他的模样，这也说明了苏轼本人面部特征较为突出，颧骨较高、较饱满。在药师岩第15号龛的三尊造像中，右尊像相比于左尊，颧骨部分更为突出、面部肌肉更加饱满。虽然根据存世文献《传神记》中“不作眉目”、黄庭坚《东坡先生真赞》中“眉目云开月静”以及宋人笔记所载苏东坡曾笑秦观多髯来看，苏东坡的面部特征应该是较为消瘦、眉毛稀疏、胡子也并不多，与《核舟记》中描述较为不符。但药师岩第15号龛造像是三人游赤壁的另外一种表现形式，且宋以来有关苏东坡形象的画作有很大一部分都是“多髯”造型，并且根据现存二十世纪九十年代山东村民自愿捐赠的明代苏轼画像刻石和藏于四川眉山市三苏祠东园碑廊的明代石刻东坡盘陀画像碑可知，在明代人的眼中，苏轼形象就是“长须、多髯、面部饱满”。当然，这种形象的流行可能也与元曲相关。元代戏曲中“生旦净末丑”的末角是一个传统角色，通常表现中老年男性，大多“挂须”，并且身材偏胖，有大肚子。因此，元代之后戏曲中的苏轼大多都为“大胡子、大肚子”形象，对后世苏轼造型的塑造产生了一定影响。[7] 总之，第15号龛东坡三像的造像特色与《核舟记》所载内容是一致的①。

明代佛教世俗化严重，话本、小说中苏轼与佛教之间的故事非常流行，其与佛印的交游故事，都发生在佛教世俗化的大背景下。此时期有关苏轼与佛印故事的作品主要有:《明悟佛印禅师赶五戒》《佛印师四调琴娘》《东坡佛印二世相会》《红莲债》《赤壁游》《狮子吼》等，大多都表现苏轼从儒入佛的思想走向，可与药师岩第15号龛右尊像手持念珠相对应。且明代中期商品经济迅猛发展，士人阶级的地位相比于之前有较大降低，因此，传统的士人阶级“高雅”的光环消失，趋于世俗化，也为苏轼在明代故事中的“非官方”形象奠定基础。据此时期与苏轼相关话本、戏曲、画像综合来看，苏轼在明人心中形象是“超然脱俗”的。

综上可得右尊造像特点为“多髯”“颧骨较高”“持佛珠”“未着正式官服”，并且表现出崇佛的突出特征；而左尊造像胡须较少，“革带”“持笏”表现出的突出特征偏重于朝官身份。根据史料可知，苏轼游赤壁正值其受贬谪时期，其志不得抒、洒脱旷达、休闲隐逸之特点，绝非适合用朝官身份来表现。

由《核舟记》原文可知，三人的位置分布从左至右分别是：鲁直、东坡、佛印。但就药师岩第15号龛造像来看，是佛印禅师为主尊，文学成就最高、名气最盛的苏东坡居于右尊。很大一部分原因是药师岩造像群属于佛教龛窟，佛印禅师代表释家，苏黄二人虽信佛、与佛家有渊源，但从其俗世身份、文学作品等来看依然更能代表儒、道二家。明太祖朱元璋曾提出三教并用之说：“若绝弃之而杳然，则世无神鬼，人无畏天，王纲力用焉。于斯三教，除仲尼之道祖尧舜，率三王，删诗制典，万世永赖。其佛仙之幽灵，暗助王纲，益世无穷，惟常是吉。”[8] 强调了儒释道三教对世道人心所发挥的作用。明朝儒家学者中，也不乏肯定佛、道二家功能之人。在此社会思想环境下，出现药师岩第15号龛这样的儒释道合龛造像也就不足为奇了。佛印居中，代表龛窟造像的主题思想流派；东坡、鲁直居于左右，代表着儒、释、道三家思想的交汇融合，三像组合也算得上是明代三教思想融汇在佛教龛窟上的隐晦表现②。

综上所述，药师岩第15号龛东坡三像的身份，从左至右分别为：黄庭坚、佛印、苏东坡。

四、改刻东坡三像的原因

如前所述，药师岩15号龛于晚唐开凿时龛内造像为观音像，到明代才改刻为苏轼、佛印、黄庭坚三人造像。为何舍弃原有观音造像，而要改刻为东坡三像呢？

我们可从宋人游记文章中找到某些线索。作为苏轼的从表兄，同是四川籍的北宋著名画

① 如上文“第15号龛是参考《核舟记》中三人交往的场景而刻”的推断成立，根据核舟记作者魏学洢的生卒年（约1596—1625）来看，此文章撰写时间不早于1596年、不晚于1625年。因此，第15号龛的年代可在前文1532—1655年的时限内进一步明确至1596—1655年。

② 在艺术表现中常以三人为主，代表儒、释、道三教，以表达三教在不同时代背景下的矛盾冲突与相互融合。典型例证除了苏轼、佛印、黄庭坚之外，还有王羲之、支道林、许远游，以及陶渊明、慧远、陆修静，孔子、释迦牟尼、老子等。将苏、佛、黄三人组合在一起的《三酸图》反映的是三种对待世界的不同方式，这类题材最早的画作始于北宋翟汝文，至明代将之延伸成为三种文化代表，即苏轼代表儒家，佛印代表佛家，黄庭坚代表道家，三人聚合无疑体现的是三教融汇思想，这也是明代的流行大势。至于三人合龛的组合形式，应是模仿自宋以来孔子、释迦、老子合龛以及佛教三圣造像组合样式的结果。

家、诗人文同①，摄大邑令期间，“乐其少讼而多暇”，辄游邑之名山胜迹，每有所得，则吟咏成章，虽一山一水，不或遗也。[9] 他在游览大邑飞凤山药师岩之后，曾留下“此景又奇绝”② 的诗句。同时他还在嘉祐六年（1061）写下《凤凰山禅院记》，文中提到：“唐有契觉道人，刈草凿址，构庵此地，日礼《华严》秘典，以作佛事……会昌之厄，屋撤人遁。”[10] 可见，凤凰山佛教发轫于唐代，药师岩造像亦略同此，至唐武宗会昌年间（841—846）灭佛，曾下令摧毁佛像佛寺，凤凰山中的寺院因此遭难，造像被毁、僧人逃遁。因此，此次“灭佛”行动可能是药师岩大量龛窟改刻的主要原因。那么，第15号龛中的原观音像可能即毁于此次灭佛运动，从而为明代拓龛改刻其他造像提供了先决条件。

至于第15号龛未重修原本观音像而另开龛像的原因虽未曾有过准确说法，但仍从苏、佛、黄三人的关系，民间形象以及功德主的个人崇拜等方面进行一些初步推断。苏轼是北宋著名的文学家，字子瞻，号东坡居士，其一生深受儒释道三家思想的影响，其中影响最深的当属佛教思想。他的亲人挚友多信仰佛教，并且他一生中与众多佛教禅师交往，共游佛教圣地、四处拜访名僧、探讨诗文、参悟佛法，留下了数不清的故事。其中最广为流传的，便是他与佛门挚友——佛印禅师的故事。南宋时就出现题为苏轼撰、记录苏轼与佛印往复之语的《东坡居士佛印禅师语录问答》[11]，晚明时期冯梦龙的话本《明悟禅师赶五戒》[12] 中也出现了苏轼与佛印的故事，以前世今生为背景，讲述今生佛印苦劝因前世纠葛而不信佛的苏轼重新皈依佛门的故事。[13]

佛印禅师是北宋高僧，字觉老，号佛印，俗姓林。宋元丰年间，主润州金山龙游禅寺时，与苏东坡、黄庭坚等人交游甚密，苏、黄二人也屡次在诗中提及佛印禅师名号。苏轼的《戏答佛印》中云：“远公沽酒饮陶潜，佛印烧猪待子瞻。”[14] 意为古有慧远和尚用美酒来款待陶渊明，今有佛印和尚，用烧猪款待苏轼。整首诗语言幽默，表现了苏轼、佛印二人的紧密关系，也体现出二人不拘一格、追求自由的生活态度。有一次，苏轼到相国寺看望佛印，刚好佛印外出，住持便拿出美酒素肴款待。饮到微醉之时，苏轼抬头看见佛印题诗，顿觉有些许感悟，便在旁边题上《和佛印禅师诗》。据传，苏轼还专门撰写《东坡问答录》来记载其与佛印之间的各种趣事。有关苏东坡与佛印禅师的诗词趣事广为流传，二者的深厚感情也一直被人称颂。

黄庭坚，北宋著名书法家、文学家，字鲁直，号山谷道人。由于其政治上的失意，也曾皈依佛门、参悟佛学。苏轼曾在《答李昭玘书》中提及：“如黄庭坚鲁直、晁补之无咎、秦观太虚、张耒文潜之流，皆世未之知，而轼独先知。”[15] 这四人形成了一个追随苏轼、游学于其门下的群体——“苏门四学士”[16]，黄庭坚便是其中之一，且是四人中唯一与苏轼并称“苏黄”者。黄庭坚虽算得上是苏轼的学生，但苏轼对于黄庭坚的才华是非常欣赏认同的。在黄庭坚第一次给苏轼写信，表达“乐承教而未尝得者也”

① 文同（1018—1079），字与可，北宋梓州永泰（今四川盐亭东）人，著名画家、诗人，历知陵、洋、湖州。

② 文同的诗名为《题凤凰山后岩诗》，内容为：“此景又奇绝，半空生曲栏。蜀尘随眼断，蕃雪满襟寒。涧下雨声急，岩头云色干。归鞍休报晚，吾待且盘桓。”此诗后由大邑县丞、眉阳人程缜于南宋绍兴二十四年（1154）勒石于今药师岩，现存于K12内层外侧中部，编为21号题记。古人所称之凤凰山后岩，即今之飞凤山。

的遗憾后，苏轼便回信："轼方以此求交于足下，而惧其不可得，岂意得此于足下乎！"表达了对黄庭坚才华的惊叹和愿意与之交往的态度。其后二人又多次进行诗文唱和，较为经典的有《双井茶送子瞻》《黄鲁直以诗馈双井茶次韵为谢》《和答子瞻》等，两人有来有回、一唱一和，展现出惺惺相惜的深厚感情。据《邵氏闻见后录》记载，黄庭坚请人画东坡像悬于室内："赵肯堂亲见鲁直晚年悬东坡像于室中，每蚤作，衣冠荐香，肃揖甚敬。或以同时声名相上下为问，则离席惊避曰：'庭坚望东坡门，弟子耳，安敢失其续哉！'"[17]让我们深切感受到黄庭坚对苏轼的敬仰以及友人离世之后的悲痛与思念。

黄庭坚曾被贬涪州，后移戎州，在四川许多地区留下足迹，《大邑县志》中收录的黄庭坚作品——《筇竹颂》《筇竹杖赞》，就是证明其曾经游历过邛州地区的史料①。而苏轼本为四川眉山人士，四川民间对苏轼的崇拜一直较为兴盛。苏轼题材不仅在戏曲、小说中占据重要地位，还常常出现在其与黄庭坚、佛印之间的故事中。《苏子瞻泛月游赤壁》以及《苏子瞻赤壁记》都演绎了苏轼、佛印、黄庭坚三人游赤壁的场景，三人结伴游玩、吟诗唱和，具有生活趣味。《金莲记》中第二十三出《赋鹤》不仅出现了三人游赤壁的场景，还讲述苏东坡遭遇贬谪之后佛印以风波艰险、白鹤出樊笼等事提醒他远离官场、皈依佛门的故事。杂剧《红莲债》主要描写苏轼的感情生活，从一开始的生活风流、不满佛道二家，到最后佛印题诗拜访点化苏轼，使其归于佛、道。

苏东坡、佛印、黄庭坚三人的交游趣事，后世流传较多，三人往来密切、思想上息息相通的深厚感情也为后世所称道。有关三人的流传故事、造像以及工艺品等数不胜数。因此，药师岩15号龛造像的主持者"修能"很可能听说过三人交往故事或三人服膺佛学的故事，出于对三人的崇拜，将其形象刻于药师岩。换言之，药师岩15号龛，无疑是体现三人交游故事的一个典型的表现形式。

五、结语

大邑县药师岩摩崖造像龛窟数量较多，保存也较为完好，造像题材多样且特殊，第15号龛就是其中的典型。此龛于明代改刻，不仅反映出四川民间对苏轼崇拜程度之强烈，对东坡、佛印、黄庭坚三人交游故事传唱度之高，而且还能看出明代社会思想三教合一的流变趋势，同时结合佛教造像风格，创造出独特的造像题材。总而言之，药师岩第15龛造像风格新颖、组合独特，体现社会思想的同时，也反映了民间世俗文化的艺术创造性，对于研究明代摩崖造像、苏轼形象流变以及儒释道思想结合提供了有价值的实物资料。

参考文献：

[1][5]成都市文化局（市文物局），成都市文物管理办公室，成都文物考古研究所，成都市大邑县文物管理所编.四川大邑县药师岩石窟寺和摩崖造像考古报告[M].成都：四川科学技术出版社，2014：98-100、98.

[2]张敏.从明代佛像风格看汉藏艺术融合[J].艺术品鉴，2018（7）.

[3]雷玉华.四川摩崖石刻中的阿弥陀佛与五十二菩萨[J].考古与文物，2005（2）.

[4]甘钰萍.四川明代佛寺壁画菩萨头部造型研究

①涪州即今重庆市涪陵区；戎州即今四川宜宾；邛州辖今四川邛崃、大邑、蒲江等市县地。

[D]. 成都：四川师范大学，2021：9.

[6] [15]（北宋）苏轼. 苏东坡全集：卷 59、卷 95 [M]. 北京：北京燕山出版社，2009：1576、2496.

[7] 唐斌. 明代苏轼题材戏曲研究 [J]. 四川戏剧，2018（7）.

[8]（明）朱元璋. 三教论 [A]. 明太祖御制文集·卷十一 [C]. 中国史学丛书初编·第 22 号 [M]. 台北：台湾学生书局，1965：345－348.

[9]（宋）文同. 重序《九皋集》[A]. 曾枣庄主编. 宋代序跋全编·3 [M]. 济南：齐鲁书社，2015：242.

[10] 四川省大邑县地方志编纂委员会办公室编，王斌校注. 清乾隆大邑县志校注 [M]. 成都：巴蜀书社，1998：207－212.

[11] 傅璇琮，蒋寅总主编. 中国古代文学通论·宋代卷（第 2 版）[M]. 沈阳：辽宁人民出版社，2016：168.

[12]（明）冯梦龙编，许政扬校注. 喻世明言：卷 30 [M]. 北京：人民文学出版社，1958：295－305.

[13] 胡莲玉. 苏轼、佛印故事在戏曲小说中的流传及演变 [J]. 南京师范大学文学院学报，2003（3）.

[14] 程伯安. 苏东坡民俗诗解 [M]. 北京：中国书籍出版社，1994：100－102.

[16] 彭玉平. 苏轼与黄庭坚 [J]. 名作欣赏，2023（22）.

[17]（宋）邵博. 邵氏闻见后录：卷 21 [M]. 上海：上海书店出版社，1990：221.

西南大后方抗战“胜利年”的宣传与心理①

罗玉芳②

摘　要：全面抗战爆发后的首个元旦，抗战“胜利年”的宣传便在西南大后方先声夺人。中国西南大后方“胜利年”庆祝活动和舆论宣传经历了兴起、高潮、发展、尾声四个历史阶段。在抗战“胜利年”中，西南大后方的民众存在两种心态：抗战动员下的兴奋心理和过度宣传下的侥胜心理。西南大后方官方和民间关于抗战“胜利年”的舆论讨论主要聚焦于判断“胜利年”到来的依据和迎接“胜利年”的措施两个问题上。抗战“胜利年”的宣传虽然存在过度鼓吹的成分，但在一定程度上也起到了鼓舞民众抗战信心、驳斥日伪奴化宣传、争取国际舆论支持的积极作用。

关键词：抗日战争；胜利年；元旦；社会舆论；民众心态

在全国报刊索引等数据库中检索“胜利年”关键词，会发现早在1938年便已有杂志和报纸呼吁迎接“胜利年”的到来。那么，时人所谓的抗战“胜利年”究竟是哪一年？在战争尚未结束之时，中国西南大后方社会中为何会产生抗战“胜利年”的口号？时人判断抗战“胜利年”的依据何在？如何看待抗战“胜利年”这一历史现象？目前学术界尚未有文章关注到抗战“胜利年”这一议题，更未有学者对以上疑问进行解答。因此，笔者就以上问题进行探究，以期补充抗战时期中国社会舆论与心态的研究。

一、抗战“胜利年”究竟是哪一年？

抗日战争爆发后，中国社会遭受巨大苦难，胜利成为中国民众的殷切期望。“尤其到了一年将尽的这几天，恐怕人同此心心同此感，还要不约而同的来得特别凶！”[1]每年元旦的到来更加剧了民众心中对抗战胜利的期盼。

（一）抗战“胜利年”宣传的兴起

早在1938年的元旦，冯玉祥就发表献词勉励全国同胞，称1937年是“抗日年”，1938年是“抗日战争的最后胜利年”。[2] 1938年12月，《战时民众》的封面漫画描绘了中国民众抗击日本士兵的场景，配文“廿八年将是‘胜利年’”。[3] 1939年1月，《少年时事读本》称1939年为“中国胜利的开始”[4]。“竹”在《生力军》呼吁“以最大的决心和努力来迎接光荣的胜利的二十八年！”[5]此时，虽然已经有刊物提出抗战“胜利年”的说法，但这种声音比较微弱。

1939年转瞬即逝，中国民众并未迎来抗战胜利，但中国社会在1940年的元旦再次喊出了

① 本文为2022年四川省哲学社会科学重点研究基地“中国近现代西南区域政治与社会研究中心”项目“西南大后方抗战‘胜利年’研究”（编号：XNZZSH2211）阶段性成果。项目主持人：西南大学历史文化学院博士研究生王瑞。
② 罗玉芳，周逸群烈士陈列馆馆员、西南大学历史文化学院硕士，研究方向为中国近现代史。

“胜利年”的口号。1940年元旦，蒋介石对全国广播：“民国二十九年的元旦，正是我们中华民国成立的纪念日，也是全年工作开始的第一天，我举国奋斗的目的，在抗战胜利，建国成功”。[6]随后，冯玉祥在《二十九年是抗战最后胜利年》中表示：“在二十九年里，必然使日人获得决定的最后失败，而我们获得决定的最后胜利的。”[7]阎锡山发表文章《今年是抗战胜利年》，鼓吹“胜利与成功如在目前”[8]。白崇禧发表元旦献词《争取最后胜利之第一义》，提出要“加强我国内之团结，务使万众一心，达于精诚无间之境地”[9]。可见，抗战“胜利年”已经成为国民政府进行抗战动员的一种宣传口号。

中国共产党对胜利一词的运用十分审慎，始终强调“现在还不是我们欢欣庆祝的时候，而是鞭策自己作更坚强奋斗的日子”[10]，勉励“加强抗战的阵容，把抗战推向前进，前进到胜利的道路上”[11]。知识分子对抗战“胜利年”也进行了讨论，如黄炎培在《大公报》发表《怎样欢迎我二十九年抗战最后胜利》。[12]“胜利年”甚至被编成剧本，如冼群编剧，欧阳予倩改良的桂剧《胜利年》。[13]抗战“胜利年”的声音在官方和民间蔓延。此时关于抗战“胜利年”的舆论中，多为表达迎接或预祝胜利，在很大程度上表现为对胜利的一种期待和预言。

（二）抗战“胜利年”宣传的高潮

1941年，中国抗战“胜利年”的呼声愈发强烈，此时有言论不仅把1941年中国抗战的胜利看作一种预言或希望，而且“当做既定了的事实在宣传”[14]。如程沧波在《中央日报》发表专论：“今年是胜利年，是全国上下坚信的事实，也是全国上下全力以赴的目标。”[15]

1941年抗战“胜利年”达到高潮的另一种表现，便是元旦庆祝活动中对“胜利年”的热烈宣传。重庆作为战时陪都，举行的“胜利年”庆祝活动最为热烈。[16]《中央日报》描述重庆元旦庆祝的场景：“傍晚，街头挤满了人，争看龙灯，还有狮子、车灯等等只要是四川过年有的玩意儿，都全部拿了出来！”[17]可见民众庆祝抗战“胜利年”的热情。

此外，报道抗战“胜利年”的刊物更加丰富。从发表“胜利年”刊物的出版地可见，关注“胜利年”话题的地域范围也越来越广泛。重庆、桂林、成都、昆明等地爱国刊物对抗战“胜利年”进行了广泛的宣传。从宣传的主体来看，官方对“胜利年”的报道更加重视。国民政府的宣传喉舌《中央日报》连续发表社论，总结胜利即将到来的依据和抗战继续努力的方向。知识分子创办的《学习生活》《诗歌与木刻》《青年人》《战旗》《中华》《人世间》等民间刊物也发表了一系列关于“胜利年”的评论、散文、诗歌、木刻、漫画等作品，掀起了讨论抗战“胜利年”的热潮。1941年大后方抗战“胜利年”还赢得了外文媒体的关注。如《大陆报》《北华捷报最高法庭与领事公报》对中国抗战“胜利年”强烈的呼声也有所关注，多次发表消息报道中国“新闻界大肆宣扬欢迎胜利年”[18]的现象。可见“胜利年”并非只是某个人的持论，而是已经成为社会舆论中的普遍性口号。

（三）抗战“胜利年”宣传的继续发展

在1942至1945年间，中国西南大后方社会对“胜利年”的讨论虽不似1941年强烈，但仍存在“胜利年”的呼声，并对“胜利年”有了更加丰富的阐释。1941年12月太平洋战争爆发后，中国西南大后方社会延续了“反攻”话题，如王世昭提出：“我恭祝‘反攻胜利年’，不但要求军事上反攻，外交上反攻，同时更要求政治上反攻，肃清贪污，扫荡囤积！”[19]李汉魂称“今年必定是我们争取最后胜利实现的时候”，并呼吁：“我们必须把握住此转危为安转败为胜的重要转机，加倍策励振奋。”[20] 如何反攻成为抗战“胜利年”的重要话题，表露出中国社会对赢取抗战胜利的迫切希望。

1943年，中国舆论界赋予了“胜利年”更加丰富的标签，除“反攻胜利年”，又出现“自由胜利年”的名号。如《联合画报》表示“自由可以代表生命，没有自由就要失去一切”，而“中华民族为了争自由，流过万吨以上的血，牺牲过几百万人的头颅”，强调1943年应当是“自由胜利年”。[21] 1945年，“民主胜利年”成为又一时新的标签。彬然在《中学生》喊出“今年是民主胜利年”的口号，提出“只有民主才能获致胜利”。[22] 张西曼在《国讯》和《民主与科学》杂志上也提出“民主胜利年”的口号，呼吁应该配合“民主盟邦合力除去一切法西斯反民主的，‘反对进步的障碍物’”[23]。

（四）抗战“胜利年”宣传的尾声

1945年8月15日，中国终于迎来了抗战的最终胜利。1946年仍留有谈论抗战“胜利年”的尾声，但却很少再出现赞美“胜利年”的声音，更多的是揭露抗战“胜利年”下民众生活的艰难和苦闷。

由于国民政府“弱势独裁”[24] 统治，战后物价飞涨，民众陷入难以维持生计的困境，“胜利年”反而成为被批判的对象。文朗在《可怕的胜利年》一文中哀叹：“我们只知道是胜利了，但不大清楚这胜利是属于谁的？这真是凄惨的胜利，因为这‘利’究竟在何处，着实是一个谜！”[25]“一之”在《这是胜利年的年关！》中也披露战后“胜利年”年关的难熬情景，他所在的伪军机械所被收编后，待遇甚至不如伪军给予的待遇，工资得不到保障，连制服也迟迟没有下发。年关将至，之前所欠债未来得及偿还，又被无故裁员。他哀叹：“胜利后的年关是这样地难过！”[26] 战后国民党及国民政府不仅没有做好复员工作，恢复经济，加紧建设，甚至挑起内战，使民众陷入水深火热中。民众对胜利后的美好生活的希望与期待破灭，“胜利年”的呼声也随即消失。

二、抗战“胜利年”宣传下西南大后方民众的心态

在日本侵略战争的磨难下，中国前线后方的民众遭受巨大苦难，夹杂着疲倦、幻灭、失望、苦闷、悲观、怨怼等情绪。[27] 在新年中，无数民众黯然神伤，牵挂在前线浴血奋战的家人；或是悲痛伤悼，哀念为国牺牲的亲人。[28] 在战争阴霾的笼罩下，中国却出现战争尚未真正结束之时，就已经认定某年为抗战“胜利年”的现象。那么“胜利年”下的民众怀有怎样的心态呢？

（一）抗战动员宣传下的兴奋心理

在战争的灾难下，中国民众“因受了敌人的同一刺激，产生了同一感慨，由于同一感慨，起了一个同一希望，这希望就是迅速胜利”[29]。元旦本来就是大地即将回春的时刻，带有欢庆的寓意，“每一个人的心坎里都蕴含着无限的快慰，于是大家都‘欣欣然’互相庆祝、恭贺”[30]。新年是反省过去、展望未来的时机，年关越近对胜利的期盼越深，所以“胜利年”是中国民众盼望胜利心理的集中表达，给处于战争苦难中的中国民众带来希望与生气。

中国民众期待胜利，所以“每一个人都相信胜利。每一个人都期待胜利，每一个人都准备胜利后的欢呼、庆祝”[31]。这便是“胜利年”话语在中国产生的心理基础。抗战“胜利年”反映的是战争苦难下中国西南大后方民众对于胜利后和平与幸福生活的希望和憧憬。

抗战“胜利年”既是一种心理期盼，又以预言的方式在中国西南大后方社会中传播。全

面抗战爆发后，中国及国际社会曾出现各种战事预测，而抗战“胜利年”便是其中一项非常引人注目的预言。预言“是否将来成为事实？是很难说的，但是可以得到一般人的相信，因为预言，大概是一种新奇的启示”，抗战“胜利年”的预言之所以能够得到部分民众的信服，因为这种预言是民众所急切期盼的，即便“虽非马上得见之事实，但望梅止渴，精神为之一爽”。[32] 对于坚持不懈抗战的中国民众而言，胜利指日可待的预言和宣传，能够敦促民众抵制日伪的诱降，加紧抗战行动，为赢得最终胜利而努力。

对“胜利年”的宣传，背后存在国民政府的政治运作。“抗战前途的吉凶，系乎国民心理。”[33] 倪中方曾总结过利用心理学的办法，加强民众抗战信心的宣传技术：第一，宣传员先要相信抗战是必胜的；第二，应使宣传累次出现；第三，充分表示过去的胜利；第四，提出抗战必胜的证据；第五，引用权威的言论；第六，暗示大多数民众已经相信抗战必胜；第七，宣传中国的历史。[34] 可见，抗战时期抗战“胜利年”舆论的兴起，不仅仅是民众心理的期盼所致，更是政府宣传的结果。

（二）过度鼓吹宣传下的侥胜心理

虽然抗战“胜利年”的宣传对民众能够起到一定的动员作用，但中国西南大后方社会也曾一度出现过分夸大“胜利年”的宣传。这种夸大在 1941 年尤其明显，国民政府官方甚至已经将“胜利年”当作既定事实一样宣传。

在抗战“胜利年”的庆祝中，部分人怀有坐等最后胜利到来的松懈心理，盲目相信和鼓吹“胜利年”的口号，“让人们给新年的升平和欢腾去冲昏了头脑”，似乎忘记了必须进行主动反攻而非“袖手待胜”才能脱离战争危机的事实。[35] 赫生对“胜利年”中“袖手待胜”的心理描述道：“也许由于对于胜利期望太殷切，也许由对战争感到疲倦，也许由于其他，人们常常带着几分自欺欺人的意味说：今年一定可以胜利了，准备回家去罢。”[36]

对于那些“不从事实际的解放斗争与不在实际斗争中认识抗战的发展的人们”，抗战“不是一种有希望有生机的斗争而是一种绵绵不尽的讨厌的拖累。在不堪拖累的疲惫时，便幻想出一种意外的胜利因素来马上结束这战争”。[37] 这种心理便是侥胜心理，而这意外的因素往往表现为过分依赖英美国家的援助。

江溯曾发文批评依赖英美援助的心态，指出：“认今年是‘胜利年’的，只看到英美对我援助增强的事实，就轻轻的把中国的命运放在外援之上去决定了。”[38] 在此种心理下，“胜利年”的口号会产生精神危害，“这些有毒的气氛像一阵阵的薰风一般吹遍了全国，把人们吹得软瘫瘫地”[39]，消磨长期抗战的意志。子强在其著作《论中国前途》中也分析道：“一九四一年到来的前后，大家都说今年将是胜利年。作为一种预期或希望，这样说本来没有什么不可以，可是许多人都把他当做既定了的事实在宣传，却未免大成问题的。”子强认为随着 1941 年新年的到来，中国已经踏进危急的严重关头，在这一年内努力克服危机，1941 年就是名副其实的“胜利年”，否则就会“变成百分之百的亡国失败年”。[40]

在抗战阵营里，关于如何争取抗战最后胜利的问题，存在着两种不同的观点：“一种方策的出发点，主要的是依靠外援。另一种方策的出发点主要的是自力更生。”[41]《新华日报》社论《迎新年》尖锐地指出“胜利不能侥致”，“只有下自力更生的决心，不把希望寄托于人家，才能在战争实际行动中，起着主动和积极的作用”。[42] 单纯将希望寄托在英美的外援上，不仅不会进一步加强国内团结，促进党派合作，提高军队战斗力和动员民众，而且还会导致坚持抗战受到威胁。英美的援助固然会对中国的抗战形成有利的国际环境，但独立自主、自力更生才是中国取得抗战胜利的根本。

抗战“胜利年”的呼声一方面反映了部分民众对抗战的期待和信念，利用“胜利年”进行宣传可以起到激励民众胜利信念，动员民众的积极作用；另一方面又流露出部分民众侥胜的心理，产生冲昏头脑，磨灭斗志的消极影响。

三、西南大后方抗战“胜利年”宣传的讨论话题

在民众急切期盼胜利到来的心理和国民政府的政治宣传下，中国官方和民间对抗战“胜利年”展开了诸多讨论，其中有两个非常重要的话题，一是对“胜利年”的到来作出肯定并给出依据，二是讨论如何争取胜利的早日实现。

（一）判断抗战“胜利年”的依据

除了对胜利的期待这一心理因素外，判断“胜利年”的基础还来源于战争进程和国际环境等现实因素。正如彬然所说：“早在抗战初年，我们就曾喊出过‘反攻年’‘胜利年’的口号。这些口号，原来也并非单单从我们的愿望上产生，而自有他的事实上的根据。”[43] 为了宣传“胜利年”，舆论从敌我力量的对比来分析中国已经具备取得抗战胜利的条件。

从军事来看，敌弱我强形势日益明显。1941年《中央日报》发表社论《胜利年军事之展望》，从国内军队训练的角度出发，认为中国军队战斗力日益提升，“胜利信念益见巩固”[44]。1943年《新华日报》发表社论《迎新年》，分析国际作战局势，认为英美在北非战场获得胜利和苏联反攻势力的扩大“成为保障同盟国走向胜利的重要前提”[45]。

从外交上看，国际环境朝着有利于中国的趋势发展。1942年李汉魂在《迎接最后胜利年》判断中国的抗战“已和世界反侵略战争联成一气，结为一体而不可分”；所以“共同制裁强暴，日德义的终趋覆亡，真可拭目而待了”。[46] 1943年《大公报》记者在《清算日敌，中国的外交胜利年》中，以中美、中英新约的签订，《四国宣言》的发布以及开罗会议的召开等事实论述中国外交上的胜利。[47]

从经济上看，国民政府在对敌经济反封锁上取得初步成果，尤其是大后方经济的发展奠定了抗战的物质基础。如1940年黄炎培发表《怎样欢迎我二十九年抗战最后胜利》，强调建设川康的重要性，认为川康建设期成会的组设和后方人力、物力的开发将为获取抗战胜利奠定重要的物质基础。[48] 1941年《中央日报》发表题为《胜利年的经济展望》的社论，以大后方商业、工业、农业的发展为根据，预测中国国民经济“必将达到完全成熟之境”。[49]

从政治上看，“胜利年”到来的现实依据是基于国民党及国民政府施行宪政的准备。1939年，“北溟”发表文章《争取二十九年的更大胜利！》，认为第四次国民参政会关于国民大会施行宪政的决议以及国民党六中全会召开国民大会的决议，预示着宪政的实施，而“只有实行宪政，建立民主，才能保证民族生动力量的发动，以争取最后胜利的迅速到来”。[50] 1942年，王世昭也提出国民政府省市参议会的建立和召开国民大会的决定，使得民众看到宪政实施的希望。[51]

除了从中国军事、外交、经济、政治上的进展来论述中国“胜利年”到来的依据，部分言论还通过对比日本的状况来突出敌弱我强的形势。如1940年，冯玉祥在《二十九年是抗战

最后胜利年》中称："外交上的孤立碰壁，内政上的扰攘不安，经济财政的危机重重等，都是证明日寇的衰弱和其悲惨溃亡的前途。"[52] 1941年《中央日报》同样以"日敌士气涣散，经济枯竭，外交碰壁，日阀崩溃覆亡之日已日见接近"[53]，作为中国迎来"胜利年"的依据。

（二）迎接抗战"胜利年"的措施

通过上文批评的声音可以得知，时人也认识到鼓吹"胜利年"口号的危害，意识到判断中国迎接胜利的条件尚有不足。那么，如何赢取中国抗战的最终胜利，使"胜利年"成为现实呢？国民政府、中国共产党、民主党派和工商界人士从不同的角度提出具体措施。

国民党及国民政府从统治、管理的角度，提出迎接"胜利年"的措施。如1940年，冯玉祥提出要扩大团结的范围、拥护政府和领袖、肃清汉奸。[54]林森在1941年的元旦向全国广播，为迎接抗战胜利，必须提高民族精神、促进地方自治、加紧经济建设。[55] 1942年，李汉魂在《迎接最后胜利年》中提出要切实推行国民精神总动员、建立国防轻重工业、健全基层政治机构、促进地方自治事业等。[56]

全面抗战爆发后，《新华日报》元旦发表社论，每年都提出争取抗战胜利的中心任务。中国共产党一是强调通过积极地反攻来争取胜利，如1941年《新华日报》社论《努力的方向》号召"当前的中心任务，是准备反攻力量"[57]。二是强调以民主和团结来争取抗战的胜利。如1940年《新华日报》社论《抗战团结与进步——新年献词》提出："应该把精诚团结的局面，扩大到所有的抗战的民主的进步力量中去，深入到广大的群众中间去，把精诚团结的局面，随着新年的来到，推到新的阶段上去！"[58]

民主党派和知识分子主要从社会问题或个人行动的角度出发，思考争取抗战胜利的方法，如1940年，邹韬奋在《欢迎胜利的一九四一年》中提出要加强团结、实现民主政治、加强外交政策、平抑物价安定民生、保障学术讲习的自由、保障妇女权利等。[59] 同年，黄炎培从个人行动的角度，提出高尚纯洁的人格、博爱互助的精神、侠义勇敢的气概、刻苦耐劳的习惯四个信条。[60]

国民党及国民政府、中国共产党、民主党派、知识分子等分析抗战"胜利年"到来的依据，并提出迎接"胜利年"的措施，显示出战争苦难下中国社会遭受煎熬却依然怀抱希望的坚毅，展现了西南大后方社会各界对中国抗战前途的关注和争取抗战胜利的努力。

四、西南大后方抗战"胜利年"宣传的成效

中国社会各界关于抗战"胜利年"的讨论和呼吁虽存在夸大成分，但也在一定程度上发挥了鼓舞民众抗战信心、驳斥日伪奴化宣传、争取国际舆论支援的积极作用。

（一）鼓舞民众的抗战信心

在抗战时期，无论前方、后方，既存在积极抗战、挽救民族危亡的爱国志士，也存在"战事快快结束，可以早日归家，就是失地不能收复，也不过换一个统治者"的心理，或者是"希望和平解决，或者来个国际调停，那末政府可以不再征兵，而免服兵役"的心理等。存在这些心理的人，"是复兴中华的阻力，是民族抗战的劲敌"。[61] 赢得抗战的胜利不仅需要物质的支撑，也需要精神和意志的支持。"人是应该生活在希望之中，有了希望，然后才更有努力的勇气与道路。"[62] 这说明宣传抗战"胜利年"可以刺激、鼓舞民众争取抗战胜利的信念，"大家想着胜利，望见胜利，意志分外坚定，气概加倍飞扬"[63]。正如李铁枝所说："感慨愈深，希望

愈切，希望愈切，则大家的努力愈加紧，愈努力则胜利愈接近。”[64]

抗战“胜利年”的呼声是西南大后方社会动员的重要宣传话语，官方和民间爱国人士为抵抗日本侵略坚持不懈地进行宣传动员，在鼓舞民众抗战信心、决心，驱除亡国、投降、悲观、妥协的心理，引导乐观、积极、奋进的心理方面具有重要的作用。“人的行为受心理支配，而心理活动的方面要受到外界刺激的影响。”[65]例如在抗战“胜利年”的呼声下，民众积极、主动地参与慰劳和献金运动。1941年元旦当日，妇女慰劳总会在全国各地拨发一百七十万元慰劳费并附送宋美龄的慰劳信。[66]慰劳总会寒衣分会等团体在实验剧院举行举办的慰劳荣誉军人及抗战军人家属大会，由唐国桢女士代表各界进行慰劳。[67]在抗战“胜利年”的动员下，民众期待胜利的心理可以转化为努力抗战的实际行动。

（二）驳斥日伪的奴化宣传

太平洋战争爆发后，中国西南大后方继续扩大对抗战“胜利年”宣传的同时，日伪对另一种“胜利年”的宣传也更趋嚣张。日伪政权在庆祝元旦节日时，大肆散布侵略战争即将取得胜利的谣言和东亚民族解放的奴化思想，宣传反对重庆国民政府、中国共产党及英美反法西斯国家的言论。如1943年，日本首相东条英机在元旦对中国广播，散播“痛击英美，争取最后胜利”的言论。[68]1944年，南京伪政府在国府大礼堂举行元旦团拜大典，鼓吹要“迎取此决战胜利年”。[69]华北政务委员会打出迎接“大东亚战争胜利年”的旗号，继续强化奴化宣传。[70]

日伪占领中国部分地区后，极力推进奴化宣传，诋毁重庆国民政府与英美反法西斯同盟，散布反共谣言。对战争“胜利”的宣传也属于日伪奴化宣传的一部分，日伪宣传日本侵略战争的胜利，企图腐蚀和打击中国民众抗战的信念和决心。因此，中国西南大后方官方和民间扩大对中国反侵略胜利的宣传，有助于驳斥日伪的诱降宣传，鼓舞大后方乃至沦陷区民众的信心。

（三）争取国际舆论的支援

中国社会关于抗战“胜利年”的庆祝和呼声不仅具有动员国内民众的作用，也吸引了英美国家媒体的关注。如《大陆报》发表《中国为1941年“胜利年”欢呼》，认为处于战争状态的中国以前所未有的喜悦、自信去迎接新的一年。[71]《北华捷报最高法庭与领事公报》发表《喜迎“胜利年”》，认为中国的诸多报纸宣传“胜利年”，这是中国以前从未有过的。[72]

西南大后方抗战“胜利年”的舆论和纪念活动除了引起外国媒体的关注外，还获得了访华记者团的关注。如1941年，重庆庆祝“胜利年”时，恰逢缅甸记者访华。缅甸记者访华的目的就是参观中国的抗建工作，“回缅作广泛宣传，使东亚各民族，在和平正义的基础上造成世界新秩序”[73]，这对宣传中国的抗战精神和形象具有积极作用，对鼓舞其他反法西斯国家坚持作战也具有一定的影响。

“胜利年”的口号代表中国民众在面对战争苦难时依然艰苦卓绝、浴血奋战的精神，向国际社会展现了中国人坚毅、正义的形象，同时赢得了英美等反法西斯国家媒体的关注，为赢得国际舆论的支持起到一定的作用。

五、结语

抗日战争爆发后，各类纪念日和节日便成为民众动员的重要契机，抗战“胜利年”便是在节庆活动中构建出的一种文化概念。抗战“胜利年”的特殊性在于“胜利”并非是在抗战结束后被提出的，而是自全面抗战爆发时便已经存在。抗战“胜利年”的概念自 1938 年元旦提出，至 1941 年元旦达到高潮，随后内涵、外延不断扩展，至抗战胜利后逐渐消亡。在国民政府、中国共产党、民主党派人士及知识分子的宣传动员下，西南大后方在抗战“胜利年”中怀揣着必胜的亢奋心理，积极参与抗战慰劳、献金等活动；但与此同时，在抗战尚未获得真正胜利时进行过度宣传，也使一部分人产生侥胜心理，企图依赖英美国家而非自力更生获得最终胜利。中国西南大后方官方和民间对抗战“胜利年”掀起热烈的讨论，一方面从政治、外交、军事、经济方面分析中国必胜的根据，另一方面为赢取抗日战争的最终胜利出谋划策。抗战“胜利年”的宣传虽然存在夸大事实的成分，但也发挥了驱除亡国、悲观的情绪，增强积极、奋进心理的作用，尤其是对日伪大东亚战争胜利的宣传形成舆论攻势，驳斥了日伪的奴化宣传。抗战“胜利年”的呼声塑造了中国民众浴血奋战的形象，传递了中国民众不屈不挠的精神，发挥了争取国际舆论支持的积极作用。

参考文献：

[1] [29] [64] 李铁枝. 迎胜利年 [J]. 中华评论，1940，2（12）：5.

[2] 冯玉祥. 民国廿七年元旦献辞 [J]. 抗到底，1938（1）：2.

[3] 廿八年将是“胜利年”！大家一齐出力使它实现！：[画图] [J]. 战时民众，1938（29）：封面.

[4] 一九三九年：中国胜利的开始：[画图] [J]. 少年时事读本，1939，1（18）：封面.

[5] 竹. 短评：迎接胜利的廿八年 [J]. 生力军，1939（19）：176.

[6] 胜利年元旦日总裁策勉全国同胞广播词 [J]. 新建设，1940（3）：3.

[7] 冯玉祥. 二十九年是抗战最后胜利年 [N]. 大公报（香港）. 1940-01-01（9）.

[8] 阎锡山. 今年是抗战胜利年 [J]. 时代青年，1940（3）：13.

[9] 白崇禧. 争取最后胜利之第一义——民国二十九年元旦献词 [J]. 建设研究，1940，2（5）：88.

[10] [28] 新年献词 [N]. 新华日报. 1939—01—01（1）.

[11] [58] 抗战团结与进步——新年献词 [N]. 新华日报. 1940-01-01（1）.

[12] 黄炎培. 公言：怎样欢迎我二十九年抗战最后胜利 [J]. 国讯，1940（223）：1.

[13] 小齐. 桂林娱乐事业一瞥 [N]. 申报. 1940-08-14（3）.

[14] [40] 子强. 论中国前途 [M]. 上海：求知出版社，1941：107.

[15] [63] 程沧波. 每周专论：胜利年第一个月 [N]. 中央日报. 1941-01-27（2）.

[16] [17] [67] 胜利年开始欢乐的一天 [N]. 中央日报. 1941-01-02（2）.

[18] [71] Chinese Hail 1941 As “Year Of Victory” [N]. The China Press. 1941-01-24（10）.

[19] [51] 王世昭. 恭祝反攻胜利年 [J]. 国防周报，1942，4（5-6）：3.

[20] [46] [56] 李汉魂. 迎接最后胜利年 [J]. 南路抗建，1942，2（4）：2-4.

[21] 一九四三是自由胜利年 [J]. 联合画报，1943（8）：1.

[22] [43] 彬然. 今年是民主胜利年 [J]. 中学生，1945（83）：1-2.

[23] 张西曼. 我们当前应有的努力：明年为中国的民主胜利年 [J]. 国讯，1945（383）：16.

[24] 王奇生. 党员、党权与党争 1924—1949 年中国国民党的组织形态 [M]. 上海：上海书店出版社，2009：2.

[25] 文朗. 可怕的胜利年 [J]. 七日谈，1946（11）：9.

[26] 一之. 这是胜利年的年关 [J]. 生活知识，1946（11）：13-14.

[27] [36] [37] [39] 赫生. 新年杂感：元旦特辑之一：谈胜利年 [J]. 联合周报，1945，2（19）：308-309.

[30] 罗升. 闲话胜利年 [J]. 湖南防空月刊，1940

（2）：34.

[31] 讷厂. 迎胜利年 [N]. 新闻报，1941-01-01（31）.

[32] 中国人预言民国廿九年中国得太平 [N]. 锡报. 1938-07-30（4）.

[33] 王政. 国民心理与抗战前途 [J]. 国是公论，1938（2）：14.

[34] 倪中方. 抗战宣传中的心理运用 [J]. 国是公论，1938（6）：14-16.

[35] [38] 江溯. "胜利年" [J]. 学习生活，1941，2（3-4）：99-100.

[41] 王明. 抗战胜利的唯一保证 [J]. 解放，1940（111）：7.

[42] [45] 迎新年 [N]. 新华日报. 1943-01-01（2）.

[44] [53] 胜利年军事之展望 [N]. 中央日报. 1941-01-11（2）.

[47] 记者. 清算日敌，中国的外交胜利年 [N]. 大公报（桂林）. 1943-12-20（3）.

[48] [60] 黄炎培. 怎样欢迎我二十九年抗战最后胜利 [N]. 大公报（重庆）. 1940-01-14（2）.

[49] 胜利年的经济展望 [N]. 中央日报. 1941-01-09（2）.

[50] 北溟. 争取二十九年的更大胜利 [J]. 浙江潮，1939（92）：774.

[52] [54] 冯玉祥. 二十九年是抗战最后胜利年 [J]. 时代青年，1940（3）：11-12.

[55] 陪都热烈迎接胜利年；林主席广播促国民注意三点；蒋委长勖勉国人作最大努力 [N]. 新闻报. 1941-01-05（3）.

[57] 努力的方向 [N]. 新华日报. 1941-01-01（2）.

[59] 韬奋. 欢迎胜利的一九四一年：保障已得的胜利，争取更大的胜利 [J]. 全民抗战，1940（152）：2374.

[61] 魏秉智. 胜利的基础建筑在抗战的心理上 [J]. 大侠魂，1939，8（6）：5.

[62] 今年应为新生之年 [N]. 大公报（重庆）. 1945-01-01（2）.

[65] 王明钦. 杨冰洁. 论中国共产党团结抗战宣传的社会心理功能 [J]. 史学月刊，1995（6）：74.

[66] 迎取胜利年. 展望 [J]，1941（21）：3.

[68] 大东亚战争第二年元旦中日首脑交换广播 [N]. 无锡日报，1943-01-03（1）.

[69] 中枢元旦团拜礼在国府隆重举行 [N]. 申报. 1944-01-03（1）.

[70] 华北召开宣传会议 [N]. 申报. 1944-02-03（1）.

[72] "Victory Year" Welcomed [N]. The North—China Herald and Supreme Court & Consular Gazette（1870—1941）. 1941-01-08（11）.

[73] 迎接胜利年举国腾欢庆祝元旦 [N]. 前线日报. 1941-01-05（5）.

20世纪40年代成都的戏剧运动与戏院经营

张　宸[①]

摘　要：全面抗战期间，民族矛盾尖锐，近代中国的戏剧运动由空泛走向现实，由表演走向训教，由启蒙走向实践，由“娱乐”走向“救国”，成都的戏剧运动及演出活动蓬勃发展。抗战胜利后，随着政府加强管控，戏院压力增大，观众热情消减，加之同业竞争等诸多因素，早期成都戏剧运动的辉煌场景难以为继。戏院拥有演出场所和建筑形式等多重属性，从宏观来看，20世纪40年代成都的戏剧运动与戏院经营，体现近代以来战争、政治等因素对公共娱乐和大众文化的影响和塑造。随着时代变迁，大众娱乐形式愈发多样，在传统社会居于主流地位的戏曲与戏院不可避免地走向边缘。

关键词：成都；抗战时期；戏剧运动；戏剧从业者；戏院经营

自晚清戏曲改良运动开始，近代中国的戏剧艺术呈现出从传统戏曲向多元化戏剧形态发展的趋势，戏剧种类多样，内容贴近大众，社会影响广泛。学术界对传统戏曲的近代转型，特别是对全面抗战时期戏剧运动与政治教化、民众宣传三者之间的互动关系已有较多关注。既有研究普遍认为，成都作为抗战大后方四川省省会，在抗战戏剧运动中扮演了重要角色，在内外因素交织影响下，20世纪40年代成都的戏剧运动呈现出从平淡到高潮，再到低谷的演进趋势。[②]

抗战胜利后，随着政府加强管控，戏院压力增大，观众热情消减，加之同业竞争等诸多因素，早期成都戏剧运动的辉煌场景难以为继。既有研究主要关注外在矛盾，即政府对戏剧文艺与大众娱乐的渗透和控制，对内生因素有所忽视，即戏剧教育、戏剧从业者、政治捐税、戏剧审查、影院冲击等对戏剧演出和戏院经营带来的影响。20世纪40年代成都的戏剧运动与戏院经营，揭示出近代戏剧发展演变中的多重变奏。

一、成都戏剧运动的兴起与发展

1937年全面抗战爆发，知识界、文化界、戏剧界人士空前团结，踊跃投身抗战戏剧创作之中，鼓舞全民族的抗战热情。1937年7月15日，“中国剧作者协会”在上海成立。同年12月31日，“中华全国戏剧界抗敌协会”（简称“剧协”）在武汉成立，成为指导全国抗战戏剧运动的统一战线组织。[1] 参加者包括话剧、文

① 张宸，重庆中国三峡博物馆文博馆员，

② 此类研究参见：何云贵、马韵梅：《抗战时期大后方戏剧运动概观》，《重庆师专学报》，2001年第2期；高志华：《抗战时期的四川话剧运动》，四川大学硕士学位论文，2004年5月；唐海宏：《民国时期成都戏剧期刊的演进特点及其贡献》，《文化艺术研究》，2013年第2期；车人杰：《救国与娱乐：抗战时期成都戏曲行业面临的舆论压力及其应对》，《四川师范大学学报》（社会科学版），2016年第4期；洪浩：《抗战时期成都戏剧类期刊研究》，安徽师范大学硕士学位论文，2021年5月。

明戏、平剧、楚剧、汉剧、川剧、山西梆子、陕西梆子、河南梆子、滇戏、桂戏、粤剧、蹦蹦以及杂剧（如京音大鼓、梨花大鼓、相声、金钱板、戏法、武术）等一切剧种。[2] 此后，全国各地纷纷成立剧协分会，数量在 100 家以上。[3]

1938 年 1 月 20 日，成都戏剧界召开大会，与会者一致认为应追随剧协，“策动戏剧总动员，激发后方群众，共赴国难”，并成立筹备委员会，设址智育电影院。[4] 然而，成都戏剧界对抗战戏剧运动缺乏整体规划，各团体派别之间存在偏见与隔阂，过程一波三折。直至 1943 年 3 月，为“适应抗战建国之宣传，加强剧人之团结，解决演出之困难”，剧协成都分会才正式成立，并举办大规模话剧、京剧、川剧和平剧联合公演。[5] 剧协成都分会的成立标志着成都戏剧界打破既有成见，统一领导全市抗战戏剧运动。全面抗战期间，成都各戏剧团体演出十分活跃，共演出古今中外戏剧剧目 150 余场。

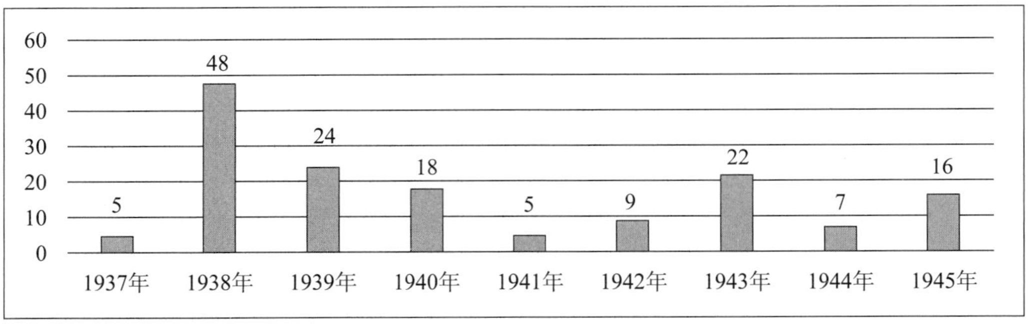

图　全面抗战时期成都各年公演戏剧数量表（1937 年 8 月—1945 年 11 月）[6]

上表可知，在 1938 至 1940 三年间，受抗战戏剧运动高潮的影响，成都的戏剧演出场次达到 90 场；1941 至 1942 年则为低谷，平均每年场次仅 7 场；1943 年开始，演出场次有所增加，但总体保持低迷状态。那么，造成这一趋势的原因何在？

全面抗战爆发后，陪都重庆成为战时大后方戏剧运动的中心。先后有上海影人剧团、四川旅外剧人抗敌演剧队、上海业余剧人协会、中华平民教育促进会抗战剧团等多个戏剧团体，抵达成都进行演出，掀起戏剧热潮。在此背景之下，戏剧对抗日救亡的宣传作用愈加突显。1937 年底剧协成立后，以每年 10 月 10 日为戏剧节，举行全国性的戏剧演出及纪念活动。从 1938 年至 1948 年间，一共举办九次戏剧节活动。戏剧节的举办，掀起战时成都全民的戏剧狂欢，时人称：战时“成都戏剧运动十分活跃，大小剧团林立，接二连三公演，有不少观众”，而“十年以前成都的戏剧界异常冷落”。[7]

1938 年 10 月 10 日，第一届戏剧节首日，成都市内上演精彩纷呈的抗战戏剧。报间登载各戏剧院校、团体在各公共场所、街头及戏园、戏院等演出剧目，进行抗敌大宣传。[8] 其中最引人注目的是四川省立戏剧学校表演的新型灯舞会戏剧——《双十万岁》。该剧以街头游行的方式进行演出，演出队伍从少城公园出发，经至人流量众多的春熙路，最后到达中山公园。全剧分六段，通过大灯布、烟花、模型等一系列道具，配上演员们的表演和感染力极强的背景音乐，现场吸引三四万民众的围观。[9] 剧情展示中华民国诞生在外国侵略的痛苦环境之中，而目前中华民族又到了生死存亡的紧要关头，呼吁民众踏着先烈的足迹去争取最后的胜利。该剧表演很有感染力，以至于演出结束时，很多小孩跑去撕毁日本灯。

1939年，成都举办第二届戏剧节，戏剧公演仍为主要形式，并成立公演委员会，号召戏剧界单位及个人积极参与戏剧宣传。[10] 各剧团积极响应号召，加紧进行公演剧目排练，各大戏院在戏剧节期间的排片主要为最新的抗战剧目。值得一提的是，成都戏剧界专门成立“乡村服务团”，注重农村地区的戏剧演出以及抗战宣传工作，通过戏剧公演为前线抗战将士募集寒衣。[11]

1941年，国民党顽固派制造皖南事变，掀起反共高潮。受此影响，全国军民抗战意志低落，成都戏剧界也陷入消沉。1942年国民政府颁布训令，戏剧节不便与国庆合并举办，宣布撤销每年10月10日的戏剧节，直到1944年才正式确定每年2月15日为官定戏剧节，至此戏剧由民间倡议变为政府法定节日。[12]

1944年2月15日，国民政府举办“国定第一届戏剧节”。成都戏剧界于当日上午在新南门外竟成园举行纪念大会，政府官员，各戏剧团体及负责人二百余人到场。[13] 1944年，成都全年演出的戏剧不满十场。时人分析，原因在于成都戏剧界近年来遭遇太多困难太多，主要包括三个方面：（1）戏剧从业者生活艰苦；（2）物价上涨，演出成本增高；（3）环境的关系，缺乏反映现实的剧本。[14] 该项分析切中要害，道出成都戏剧运动陷入消沉的重要原因。随着国民政府对戏剧的审查逐渐严格，通货膨胀下戏剧演出成本增加，戏剧从业者生活困难，在外在因素与内生矛盾的相互作用和影响下，成都戏剧运动不可避免地走向低谷。

抗战胜利后，成都还举办了三次戏剧节，主要采取举办纪念大会的形式，演出活动逐渐减少，演出周期也大为缩短。1948年，“国定第五届戏剧节”在华瀛大戏院举行，是成都最后一届戏剧节。受时局影响，无论是官方还是民间，均失去往日的兴趣和热情，最终只得“冷冷清清下台”。[15] 20世纪40年代戏剧节的短暂辉煌与没落，反映出戏剧运动从热潮走向衰退。

二、戏剧教育、戏剧从业者与戏院经营

随着戏剧运动的兴起和发展，20世纪40年代的成都汇集来自全国各地的大批电影明星、著名导演、编剧、演员、剧人、学生等戏剧界精英，这些人不仅充实演出力量，还创办众多戏剧宣传刊物。据统计，在成都发行的刊物有400余种，其中戏剧刊物有23种。[16] 这些戏剧刊物“利用戏剧教育民众、唤醒民众”，不仅介绍戏剧新闻、剧本、戏剧人员等情况，也承担舆论宣传和戏剧教育推广的任务。[17]

戏剧宣传的推广，与剧团、演剧人员的汇集分不开。戏剧运动引发成都的戏剧狂热，包括话剧、歌剧、舞台剧、街头剧、川剧、曲艺表演在内的各类演艺每天都在成都的大街小巷上演，由此产生大量人力的需求。除专业戏剧演员外，学生、青年、无业平民等人员成为主要参与者，成都的戏剧培训类院校数量较少，突显出专业戏剧教育力量的不足。

1938年，四川省立戏剧教育实验学校在成都创办，培养“以戏剧与音乐为武器的民族战士”，试图改变戏剧教育落后的局面。校址位于成平街74号，设有相当于大专的二年制本科和相当于中专的高级职业科，首届共计招收学生70名。[18] 好景不长，1939年8月四川省政府下令将“四川省戏剧教育实验学校”改为“四川省立戏剧音乐学校”，降为中专。[19] 1941年1月，四川省政府又以“减靡费而维风化”为由，停办四川省立戏剧音乐学校，并将该校戏剧科

学生转入国立戏剧专科学校，音乐科并入四川省立艺术专科学校。[20]

除四川省立戏剧教育实验学校外，成都还有两所包含戏剧艺术的专业学校。一是1941年3月由四川省教育厅主持成立的四川省立艺术专科学校，校址位于新村教育区（现四川音乐学院校址），学生有200人左右，该校政治控制较为严格，每年都会让学生逐一填报其政治关系、思想言行等；二是私立南虹高级艺术职业学校，筹建于1938年春，发起人为三位留日归国的教育家，下设绘画、音乐、戏剧等不同科目。[21] 前述三所专业院校，成为20世纪40年代成都戏剧教育的主要阵地，培养了大批戏剧艺术人才，他们后来大多成为新中国文化艺术事业的骨干力量。

尽管如此，整个20世纪40年代成都的专业戏剧人才处于缺乏状态，无法满足大量戏剧演出的需要，戏剧演出人员往往临时拼凑，经验不足，导致演出效果欠佳。1944年9月，中华剧艺社在成都智育电影院演出历史剧《清宫外史》，但现场事故频出，首先是演出前三天，演员阵容意外变更，有一半的演员变动，新的演员阵容未能进行一次整体排练；其次新的演员及戏剧工作人员缺乏幕表戏、文明戏的演出经验；而临时找来扮演宫女的四人，连上下场的时间都不清楚；最后现场的音效也是漏洞百出。[22]

剧团及剧院人事变动频繁，在专业演职员缺乏的情况下，各大戏院为吸引观众，扩大影响，纷纷采取“挖墙脚”，高薪聘请明星、演员的策略。拥有强大演员阵容，受到观众追捧的成都剧社，为成都智育电影院聘用，后被成都沙利文剧场、春熙大舞台接连高薪挖走大批演员。在成都剧社将要上演《雷雨》的前一天，扮演“繁漪”一角的刘莉影突然被她的丈夫田琛拉到沙利文剧场饰演“繁漪”去了。[23] 由此可见成都各大戏院之间竞争专业演员的激烈程度。

结合此间戏剧演出的风气，戏剧界人士评论认为，“戏剧艺术被当成商品，戏剧不再是艺术，是橱窗里陈列的内衣口红，是市场上可以囤积操纵的香烟牙膏”。[24] 是项评论，反映出成都戏剧界从业者专业知识匮乏、演剧素养低下，戏剧界逐渐呈现出商品化、市场化的趋势。

除专业教育缺乏外，戏剧从业者还面临着艰苦的生存环境。战时国民政府采取财政赤字政策，法币发行过量，大后方通货膨胀严重，成都市零售物价指数在1944年已上涨至战前的近六百倍。

表　全面抗战时期成都市零售物价指数（1936年为100）[25]

年份	1937	1938	1939	1940	1941	1942	1943	1944
物价指数	107	151	330	1076	2750	7048	29170	59833
增长幅度	7%	51%	230%	976%	2650%	6948%	29070%	59733%

著名川剧艺术家刘成基回忆称：“一般演员的处境更凄惨。本来收入微薄，平时间就朝不保夕。一年里只有一套衣服，又没有住处，晚间在台子滚。老板停了戏，分文皆无，光吃大锅饭，菜都莫得。不要说他的妻儿老小无法照管，连他本人都难以糊口，只好另打主意。”刘成基作为川剧名角，一家四口均参加演出，每天的工作折合5斗米现钱，但“清早开市，把

钱拿到手里，下午跑去买米时就买不到5斗了。因为那阵的物价是一日一跳，这么一跳，5斗米则少了半边。你们说这造孽不造孽”。[26]

其他戏剧从业者的收入以及生活状况如何呢？来自社会底层的民间曲艺人，属于三教九流之类，往往边流浪变卖艺。一首《卖唱者》，描绘出战时曲艺人的悲惨生活：“一面花鼓，一张铜锣，一双笨重的瘤脚，辛酸地卖唱，三个人到处去流浪！从乡村流浪到城市，从城市流浪到村庄。……姐姐底脸红了，观众掷下冷笑，把他们抛在荒街上。……山坡上熬着寒夜，土路上冒着风沙。病魔坏了妈妈底身躯，哀愁白了爸爸底额发。在冷落的小山庙里，妈妈终于死了，死了！悄悄地死亡，无声地埋葬！”[27]

1945年1月，《川中晨报》载：“八钟左右睡去，刚入梦时，忽闻隔室有女子哀告之声，歌喉婉转，杂以三弦弹奏，尤觉凄楚动人，乃悉系歌女清唱《大审玉堂春》小曲，高歌约五出始告结束。忽闻有一老者谓：‘先生，快点给钱与她，已经三更天了，她的家远，家里有两个孩子在等她回去。’‘你有孩子吗？’‘是的，还有一个妈妈。’‘你的男子呢？’‘他出川去了，没有消息。’至此隔室顿沉默，旋有人谓：‘多给她两百元。’一阵楼梯声响，遂告闭幕。”[28]国难之际，该女子家庭变故，谋生艰难，只得卖艺乞讨。据统计，1945年5月成都市米价为法币1173.33元一斗。[29]从晚八点唱至凌晨，才换来法币200元，仅能买米两升，一家人勉强果腹。

民间曲艺人尚且如此，剧团演职员生活状况同样艰难。中华剧艺社有演职员40余人，在三益公大戏院演出期间，住后台用竹篱笆和芦苇围起来的临时居所，吃大锅饭，每天演出入不敷出，剧团成员没有工资，后来连零用钱也没有，全靠理事长应云卫借外债维持，以至于1945年，应云卫因债务未如期偿还被人打伤。[30]四川旅外剧人抗敌演剧队在郫县花园场演出时，因为晚饭多一人吃饭，引起纠纷，而演出后，剧团给每人发放的路费，仅能买到两个锅盔。[31]

颠沛流离的生活状况，高强度的工作任务，以及糟糕的经济条件，戏剧从业者面临着身体的摧残。1944年5月，优秀青年剧人江村因肺病恶化，无钱就医，病逝于成都，住院期间医药费几乎全靠戏剧界好友捐助，但杯水车薪，于事无补。《新华日报》评论一针见血指出：“剧人江村之死，据说最大原因是穷”。[32]同年11月，青年剧人施超倒在演出舞台上，之后一病不起，逝于成都，年仅30岁。[33]施超逝后，人们仅在病床旁的小柜中发现一枚未吃完的鸡蛋，其夫人当时在外筹款演出，三天后才赶回来。[34]

通货膨胀不仅困扰着戏剧从业者，也成为各剧团、戏院难以解决的难题。1949年，董家戏剧班上演舞台剧《四季》，效果很好，接连演出18场，卖座成绩创下演出纪录，但是因为物价暴涨，以及同学要上课等因素，只好停演。[35]

经营困难，加剧戏院之间的业务竞争，除前述“挖墙脚”的情况外，戏院之间时常发生直接冲突。悦来戏院曾经举行义演，募捐救灾，邀请不少知名艺人出演，此事得罪了三益公戏院的老板，袍哥大爷徐子昌。义演当天，徐子昌指使闹事，双方大打出手，“观众被打跑，演员被打散，剧院的设备被打的稀巴烂”，可谓是“神仙打仗，凡人遭殃”。[36]事后，徐子昌派人捉了两条蛇放到悦来剧院，对外声称悦来有蛇，使得观众不敢到悦来看戏。[37]戏院之间的竞争，从合法到混乱，反映出恶性竞争对戏院经营的影响和破坏。

三、政治、捐税与电影对戏院的冲击

政治介入与戏剧演出关系密切，20世纪40年代国民政府采取增加捐税、票价上涨、加强审查等种种严苛举措，成为影响戏院正常营业的重要因素。

（一）增加捐税

抗战时期财政紧张，国民政府时常举办献金运动，吸引戏剧界支持。1939年11月，成都市戏院、影院响应“四川征募寒衣运动委员会”的献金号召，为前方抗战将士捐献法币958万余元，献金单位有：蜀一大戏院、中央大戏院、新又新大戏院、春熙大舞台、成都大戏院、悦来戏院、永乐戏院、华瀛大舞台，以及新明电影院、智育电影院、大光明电影院、昌宜电影院、青年会电影院、裕明电影院等14家。

国民政府还对戏剧行业课以重税。以娱乐捐税为例，税率为30%至60%不等，并在戏票上加收“节约建国储金”。[38] 时人称：“一座中型以上的戏院，天天卖满座，每月的收入也不过三千万元，捐和税征去了一千八百几十万元，余下的一千一百几十万元，前后台依四六拆账计算，后台至多得七百万元，以此抵一月的广告费、办公费和一戏的上演筹备费，以及舞台工人的薪津，这就完了。也就是说，□演员每人饿着肚子跑来上戏，还得希望天天满座才能勉强维持下去，到头来他们还不过是‘娱乐捐’下的‘娱乐从业员’而已。”[39]

捐税几乎掏空戏院的盈利。业内人士表示：戏院纳税乃是人民对国家的义务，但政府无法保护戏剧业的合法利益，戏院也就没有纳税的义务；如果成都市政府还是要强行增加捐税，全市戏院、影院只能罢工表示抗议。[40] 剧作家田汉称：“在这不合理的捐税重压下，演员无法演戏，作者无法写戏，观众也无法看戏”。[41]

抗战胜利后，娱乐捐税依然高涨，征税手段十分强硬。1949年1月，成都市政府催缴娱乐捐税，召集各戏院、影院负责人开会，限期三天内缴清，否则即要求停业。[42] 对此，戏院进行有限抗争，拖延至3月份缴纳完结。[43] 而未能缴纳捐税的蜀一、华瀛、永乐、锦屏四剧院，最终遭到政府查封。[44]

政府如此催促影剧院缴纳娱乐捐，乃是抱着缓解自身财政危机的目的。报载消息称，成都市政府此次催缴娱乐捐、屠宰税，共得金圆券十万元，乃用于补发市政府全体员工二月份的欠薪。[45]

（二）票价上涨

战前，成都影剧院票价曾相对低廉。智育影院电影票价，女楼：二角；堂座：三角；包厢：五角。新明影院歌舞剧票价，儿童票：三角；楼厢：五角；堂厢：五角；特等堂厢：一元。[46] 著名京剧演员程砚秋入川演出，现场票价为，女宾座：五角五分；特座：一元五角；二等：二元；楼厢头等：三元；头等：三元；楼厢特等：四元。[47]

战时，成都影剧业多次统一组织，停业罢演，向当局请愿示威，要求提高票价，以维持利润。[48] 但此举遭到成都市民不满，不断向政府抗议，并在报间发文讽刺娱乐场票价过高。[49]

战后，受物价上涨影响，票价水涨船高。1946年9月，成都市影剧业要求提高票价为法币八百至一千元，但市政府核定后票价为四百至五百元。[50] 1947年6月，票价从二千元提高到三千五百元。[51] 1948年4月，票价增加至三万元。[52]

1948年8月19日，国民政府进行货币改革，以法币三百万元折合金圆券一元，但并未有效平抑物价。1949年前后，成都影剧业票价一日数涨。1949年1月，电影票价为每张金圆券五元；1949年2月中旬，上涨至每张金圆券四十元，廉价影票为每张二十元，戏票为每张五十元；[53] 1949年3月，物价上涨过快，导致小钞缺乏，电影院找补困难，于是将票价从每张金圆券八十元提高至一百元。[54]

《新新新闻》报载："娱乐场所的票价，可谓贵极了，但是还有黑市，真是可恶万分，不但蓉城如此，近在省会咫尺的某县，也有同样情形。票价是五十元，黑市便七八十元不等，在发国难财的和阔绅们，倒满不在乎。像我们这种奉公守法的工人，每月所得的血汗工资，每月不过百元，要维持家庭生活，那真是只有望洋兴叹。"影剧院工作人员回应称：价钱提高后，看电影之人反而减少，又因票价提高，不愿购票之关系人及公事的亦增加，目前有七种公事之无票入院看电影，如果询问身份，彼等人员反骂招待人不礼貌，如此情形，实难维持营业。[55] 除公职人员滥用职权外，普通民众也常有逃票行为，加剧成都影剧业的营运困难。

（三）戏剧审查

抗战时期，国民政府逐渐加强对戏院的控制和戏剧审查的力度。1938年1月，国民党成都市党部、市政府和省会警察局联合组成"成都市戏剧电影检查委员会"，专门负责审查戏剧，禁止"淫戏""凶戏"及"消沉民族精神"或"有碍抗战"的戏目。[56]

政府对戏院等娱乐场所的管理越发细化，在戏院开办、戏目检查、卫生建筑、调查登记、门票销售乃至经营秩序等多方面加强控制。有学者指出，改良精英和地方政府竭力改革戏剧以作为控制大众娱乐之一部分，把他们的政治主张灌输在表演的节目之中。[57] 反映出战时戏剧审查的消极一面。

抗战胜利后，国民政府强化戏剧审查制度，从剧团到演员，从剧本预审到剧场演出，层层设防，加强管控，间接导致中华剧艺社等大量职业剧团解散，大批戏剧工作者失业。

为吸引观众，成都戏剧界常以"改良戏剧"的幌子上演荒戏、淫戏。刘成基回忆："至于台子上面演出的内容，实在羞于启齿。满台的机关布景，耀眼的五色灯光，小姐的奇装异服，剑仙的喷云吐雾，等等，搞得台子上乌烟瘴气，还要美其名曰，这是'改良川剧'。改良成什么样子？古典名著《西厢记》中要唱黄色流行歌曲。这还不够，还要把《天字第一号》《苏三艳史》等电影片子改良到川剧舞台上。甚至公开演出诲淫诲盗、黄色荒诞的节目，什么《韩湘子》中的女演员只穿一件胸衣和三角裤上台，男扮女装的角色要扭屁股，等等，真是丑态百出，令人目不忍睹。"[58]

1947年，成都市政府颁布禁令，以各戏院演唱书店赁售诲淫诲盗戏剧、书籍，及各书局所售色情小说等，妨害善良风俗，影响社会人心，通令各县市政府暨警察机关依法严加禁止。[59]

针对禁令，戏院为吸引观众，依然或明目张胆，或偷偷摸摸地上演淫戏；普通民众依然热衷于观看淫戏，满足"低级趣味"；管理戏剧的地方官员也未能履行职责，反倒投其所好，同样乐在其中。由此可见，国民政府的戏剧审查虽愈加严苛，但政策往往流于形式，无助于推动戏剧业恢复与发展。

（四）影院冲击

1904年，成都已有电影放映活动。1924年，成都修建第一家专业电影院——新明电影院；1926，智育电影院落成，以"启迪民智，促进教育"为宗旨。[60] 电影放映的迅速发展，对传统戏剧造成冲击。

成都影剧业早期是一体经营，戏院与影院在演出内容上并未严格区分，影院除放映电影外，常常上演戏剧；戏院除演出戏剧外，也时常放映电影。1939年，成都蜀一大戏院安装国外最新的放映机，放映效果较好，票房收入大大超过老牌的智育电影院。[61] 20世纪40年代，成都的戏院与影院力量此消彼长。剧团、戏院经营困难，大批戏剧工作者转入与戏剧较为接近的电影行业，戏剧运动逐渐衰落。[62]

光影与声效的优势，使得民众对电影的追捧逐渐超过戏剧。抗战胜利前后，成都的戏院因经营不善等原因，逐渐向影院转化。1944年，华瀛大舞台改建为华瀛电影院，首映美国华纳公司出品电影《俯冲轰炸机》；同年，春熙大舞台扩建为春熙电影院，堂厢534座，楼厢304座。[63] 1946年，成都昌宜戏院停演平剧，改为放映电影。[64] 电影放映宣传声势也不断加强，1945年至1948年间，成都接连创办《时代电影》《电影风》《电影周报》等杂志，除宣传、介绍电影外，还为各大影院刊登广告。

民国时期的戏院，往往人流密集、秩序混乱、吵闹不堪。“在剧场中嗑瓜子，戴帽子，高声谈笑，以便在异性前显示风头十足，解说戏文……甚至小孩要小便时，就叫他蹲在椅背后‘便’下去。”[65] 时人对戏院的公共秩序十分抱怨，认为这种“恶劣”的社会风气，是导致观众减少、演出收入入不敷出的重要原因。

相较而言，电影院设计新颖、环境安静，公共秩序相对良好。在成都直接经营多家实力强大电影院的罗元俊家族，与上层军政人士关系较好，经常招待政府官员和地方实权人物免费看电影，地痞流氓不敢轻易到影院寻衅滋事，市民更热衷于到秩序较好的影院观看电影。[66]

四、结语

全面抗战期间，民族矛盾尖锐，近代中国的戏剧运动由空泛走向现实，由表演走向训教，由启蒙走向实践，由“娱乐”走向“救国”。有学者将20世纪40年代称为“中国现代戏剧史上的一个黄金时代”。[67] 但此种观点不够全面，特别是20世纪40年代中后期，戏剧运动陷入低谷，反映出所谓“黄金时代”的阴影。

抗战胜利后，随着政府加强管控，戏院压力增大，观众热情消减，加之同业竞争等诸多因素，早期成都戏剧运动的辉煌场景难以为继。在社会经济危机影响下，成都的戏院在经营管理、戏曲演出、人员配置、门票收入等诸多方面呈现颓势。有学者认为，抗战结束后的川剧艺术，已陷入危机，除动荡时局的影响外，更重要的是在电影等新艺术形式的冲击下，传统戏曲形式本身严重异化，从而丧失观众基础。[68]

从宏观来看，20世纪40年代成都的戏剧运动与戏院经营，体现近代以来战争、政治等因素对公共娱乐和大众文化的影响和塑造。随着时代变迁，大众娱乐形式愈发多样，在传统社会居于主流地位的戏曲与戏院不可避免地走向边缘。刘成基认为：“解放前的川剧艺术已经不是艺术，而是一种反动、腐朽、堕落的怪胎”，“川剧和川剧艺人都处于死亡的边缘了。”[69] 新中国成立后，在全国推行以“改人、改戏、改制”为指导方针的戏曲改革，将剧人、剧目以及剧院纳入国家的监管之下，将戏曲艺人改造为社会主义文艺工作者，充分挖掘戏曲和剧目为社会主义建设的宣教功能，让传统戏曲焕发出新的生机。

参考文献：

[1] 刘炳泽. 抗战初期的武汉戏剧运动 [J]. 中南民族学院学报，1985（4）.

[2] 洪深. 抗战十年来中国的戏剧运动与教育 [J]. 中华教育界复刊. 1948 年（1.1）：51.

[3] [12] 李灵蕴. 中华全国戏剧界抗敌协会研究 [D]. 重庆：西南大学，2015：15、25.

[4] [18] [19] [23] [30] [32] [34] 成都市文化局编. 成都新文化文史论稿（第一辑）[M] 成都：成都市文化局，1993：60、34、40、7、15、42—45、46—50.

[5] 戏剧抗敌协会成都市分会筹备成立 [N]. 新新新闻，1943—2—27；庆祝全国戏协成都分会的成立 [J]. 成都剧刊，1943（17）：1.

[6] 郑国民. 抗日战争时期成都公演话剧剧目一览 [J]. 成都艺术，1992（3）.

[7] 聊室. 成都的戏班和戏园 [J]. 成都剧刊，1942（3）：1.

[8] 戏剧节纪念戏剧节今举行抗敌大宣传 [N]. 新新新闻，1937—10—10（9）.

[9] 中华民国第一届戏剧节 [J]. 戏剧新闻，1939（8—9）：85.

[10] 本市戏剧界总动员筹备戏剧节大公演 [N]. 新新新闻，1939—10—3.

[11] 各剧院排演抗战剧庆祝戏剧节定期公演 [N]. 新新新闻，1939—10—9（8）.

[13] 蓉垣昨纪念戏剧节 [N]. 新新新闻，1944—2—16（8）.

[14] 卓士. 一年来成都戏剧的演出 [J]. 新艺，1944（1.3—4）：35—37.

[15] 热热闹闹戏剧节，冷冷清清下了台 [N]. 新新新闻，1948—2—16（1）.

[16] [30] 四川省档案局. 抗战时期的四川——档案史料汇编 [M]. 重庆：重庆出版社，2014：1628、1506.

[17] 唐海宏. 民国时期成都戏剧期刊的演进特点及其贡献 [J]. 文化艺术研究，2013，6（2）.

[20] 文化艺术志戏剧篇编写组. 四川省文化艺术志戏剧分志大事年表（1907—1949）（征询意见稿）[M]，1990：70.

[21] [48] 成都市文化局. 成都新文化文史论稿（第二辑）[M]，成都：成都市文化局，1994：171—173、146—147.

[22] [24] 赵伦. “历史剧” 在成都 [J]. 戏剧时代，1944（1.2）：96—97.

[25] 四川省政府统计处. 四川省物价与生活费指数简报 [J]，1944—5（2.10）.

[26] [36] [58] [69] 刘成基，陈国铮. 刘成基舞台艺术 [M]. 上海：上海文艺出版社，1980：283—284、285、286、285—286.

[27] 阚士春. 卖唱者 [J]. 文学修养，1942（4.5）：2—3.

[28] 锦声. 成都闲话：弃婴 · 歌女 [N]. 川中晨报，1945—1—24.

[31] 中国戏剧家协会四川分会，戏剧与电影编辑部. 成都地区抗战话剧运动史料 [J]. 内部通讯（第一期），1987（2）：30.

[33] 剧人施超昨晨病故 [N]. 新新新闻，1944—10—27（11）.

[35] 天涯芳草：成都剧讯 [J]. 戏剧生活，1949（2）：68.

[37] 邓运佳. 中国川剧通史 [M]. 成都：四川大学出版社，1993：548.

[38] 娱乐捐与节建储金 [N]. 新新新闻，1943—3—9（6）.

[39] 怎样开展戏剧运动 [J]. 报报，1946（1.8）：78.

[40] 田翁. 增加影院捐税的商榷 [J]. 时代电影，1946（18）：3.

[41] 王少燕. 田汉先生谈戏剧运动 [J]. 人民文艺，1946（4）：86—87.

[42] 蓉市府催缴戏院娱乐捐 [N]. 新新新闻，1949—1—20（1）.

[43] 娱乐捐收清 [N]. 新新新闻，1949—3—5（1）.

[44] 四剧院延不纳捐，市府将实行查封 [N]. 新新新闻，1949—3—5（10）.

[45] 市府昨补发员工欠薪 [N]. 新新新闻，1949—3—5（10）.

[46] 广告 [N]. 新新新闻，1936—11—11（4）.

[47] 程砚秋登台，票价分五等 [N]. 新新新闻，1936—5—13（5）.

[49] 影剧业提高票价，市民望政府取缔 [N]. 新新新闻，1942—9—3（7）；娱乐场票价 [N]. 新新新闻，1942—5—28（8）.

[50] 市府核定影剧票价 [N]. 新新新闻，1946—9—6（9）.

[51] 影剧业票价端节后提高 [N]. 新新新闻，1947—6—21（9）.

[52] 电影院票价要对涨倒拐，市府核定三万 [N]. 新新新闻，1948－4－11（10）.

[53] 影剧票价将加一倍 [N]. 新新新闻，1949－2－15（7）.

[54] 电影院票价今提至百元 [N]. 新新新闻，1949－3－5（10）.

[55] 电影票价提高，南翁近又增多 [N]. 新新新闻，1949－1－17.

[56] 中国人民政治协商会议四川省成都市委员会文史资料研究委员会. 成都文史资料选辑（第十一辑）纪念抗日战争胜利四十周年专辑之三 [M]. 中国人民政治协商会议四川省成都市委员会文史资料研究委员会，1985：14.

[57] 王笛. 茶馆：成都的公共生活和微观世界（1900—1950）[M]. 北京：社会科学文献出版社，2010：144.

[59] 四川省政府公报 [J]. 1947（455）：32.

[60] [61] [63] [66] 成都市政协文史学习委员会，成都文史资料选编 · 工商经济卷 [M]. 成都：四川人民出版社，2007：586－587、588、589、591.

[62] 阳翰笙. 略论国统区的戏剧运动 [J]. 文艺报，1949（创刊号）：7.

[64] 昌宜戏院改演电影 [J]. 时代电影，1946 年（13）：4.

[65] 曾少枚. 窒息了的戏剧运动 [J]. 建言（福州），1946（6）：70.

[67] 陈白尘，董健. 中国现代戏剧史稿 [M]. 北京：中国戏剧出版社，1989：16.

[68] 车人杰. 救国与娱乐：抗战时期成都戏曲行业面临的舆论压力及其应对 [J]. 四川师范大学学报（社会科学版），2016（4）.

新时代背景下博物馆藏品征集与利用探析①

华夏婕②

摘　要：藏品征集工作是博物馆陈列展览、研究利用、社会教育、文创开发等各项业务得以开展的基础，是博物馆丰富馆藏、发挥职能的主要手段，是博物馆可持续发展的“源头活水”。尽管近年来诸多博物馆不断完善藏品征集制度，优化征藏体系，但是在实际工作中，部分环节仍存在疏漏与不足，主要表现为：一是无明确、全面的入藏标准；二是征集渠道日渐窄化；三是征集到的藏品成果转化的方式单一且利用率较低。本文针对上述问题，通过对国内各大博物馆走访调研，总结重庆中国三峡博物馆在藏品征集方面的实践经验，在新博物馆语境中，尝试开辟博物馆藏品征集的新路径，促进博物馆藏品征集成果的创造性转化，为博物馆高质量发展打下坚实基础。

关键词：博物馆；藏品；征集；成果转化

一、当前博物馆的经验做法

（一）何为藏品

在“博物馆热”流行的今天，仍然有部分观众对博物馆的收藏还停留在“文物”这一概念中。实则，1946 年国际博物馆协会就以“藏品”来定义博物馆的收藏，1974 年又提出“物证”这一概念。可见，博物馆的藏品不单单包含文物，也包括见证时代变迁的物品。因此，以重庆中国三峡博物馆为例，重庆中国三峡博物馆秉持着“为明天收藏今天”的征藏理念，近年来，征集反映党和国家事业发展伟大成就、重大事件、重要时间节点等物证占全年征集藏品数的三分之二左右。

随着科技的迅猛发展，藏品的概念也从有形向无形延伸，相关物证存在的方式已超越实物本身，而是以“数字化”的形式出现。故而非实物资料亦可称为广义上博物馆的藏品。[1]例如，在革命文物征集上，目前许多博物馆在藏品征集启事中将“口述史”作为一个重要的征集方向，博物馆通过走访亲历者，采用音视频的方式记录历史。与之收藏形式类似还有对非物质文化遗产的征集，除传统美术、传统技艺这类有实物产出型的以外，更多的是像传统音乐、传统舞蹈、民俗等非实物产出的，它们亦是以数字影像的形式被博物馆所收藏。

正如龚良先生在《藏品范畴与博物馆多样性的实现》一文中所述，藏品包括了文物、标本、以实物反映的科技成果、非实物记录及非物质文化遗产、当代艺术品，以及特定语境下的不可移动文物。[2]从藏品编目的角度上来说，标本、当代艺术品、非遗类藏品等未达到“文物”范畴的或可称之为“资料”（也有部分博物馆定义为“参考品”），即博物馆藏品拟可大致

① 基金项目：重庆中国三峡博物馆自立项目“新时代藏品征集工作的思考与成果转化”（3GM2023-KTZ14）。
② 华夏婕，重庆中国三峡博物馆馆员。

归纳为“文物+资料”。

（二）从何而来

博物馆藏品的来源主要包括征集购买、接受捐赠、有关部门移交以及调拨等方式。遗址类博物馆或具有考古发掘资质的博物馆、自然类博物馆的藏品来源主要为考古发掘、田野采集，本论文不做详细论述。

根据实地调研和资料查阅，当前我国国有博物馆藏品的来源绝大部分为接受捐赠和征集购买，尤其是近年来部分博物馆藏品征集经费紧张，接受社会捐赠成为其扩充馆藏的主要甚至是唯一途径。从我国部分博物馆2022年藏品征集数据上看，71%左右的博物馆藏品来源为接受捐赠。从藏品性质上看，大部分为社会发展变迁物证和非物质文化遗产代表性实物，藏品年代往往集中在近现当代，特别是随着革命文物保护利用工作的深入推进，革命文物的捐赠数量也逐年攀升。从接受捐赠的人群结构上看，中老年人比重较大，男性略多于女性，可以说，这一类人群是博物馆藏品来源的主力军，这与他们的生活阅历、兴趣偏好和思想观念等密切相关。

从征集购买的藏品上看，藏品类别以书画、陶瓷器、玉石器、杂项为主。藏品年代大多集中在古代和近代。购买方以文物商店居多，文物（旧物）市场次之，私人藏家略少。然而，通过“征集购买”这一途径充实馆藏，首要的问题在于藏品征集经费。据不完全统计，近三年来除广东省博物馆、上海博物馆、南京博物院、深圳博物馆、苏州博物馆征集经费较为充足外，四川博物院、山东博物馆等偏少，重庆中国三峡博物馆、首都博物馆、云南省博物馆等多家文博单位暂无藏品征集专项经费保障。

随着全国各地文物考古研究机构相继成立考古博物馆（陈列馆），除具有考古发掘资质的博物馆外，当地省馆通过“考古发掘”这一途径来获取文物的概率几乎为零，通过接受文物考古研究机构移交的情况亦是鲜见。

表　部分博物馆2022年度藏品征集数据①（排名不分先后）

序号	博物馆名称	2022年征集数量(件/套)	主要征集途径②
1	重庆中国三峡博物馆	650	接受捐赠
2	广东省博物馆	3018	征集购买
3	辽宁省博物馆	111	—
4	南京博物院	90	接受捐赠
5	湖南博物院	99	接受捐赠
6	首都博物馆	7041	接受捐赠
7	山东博物馆	239	接受捐赠
8	上海博物馆	52	征集购买

那么，社会公众如何获取一家博物馆的藏品征集信息？博物馆又如何获取社会面的征集线索？如何实现社会公众与博物馆之间的“双向奔赴”，值得我们深思。就目前调研情况看，社会公众获取方式主要为博物馆的三微一端（微博、微信、微视频和客户端），部分为电话

① 数据来源：相关博物馆调研问卷、官网及年报发布信息。
② 主要征集途径是指当年藏品来源方式占比最大者。

或书信等方式问询。而博物馆获取社会面的线索主要为：一是与文物主管部门、考古研究机构、海关、公安等有关单位建立联系；二是通过走访文物市场和联络民间藏家、艺术家或名人及其家属等方式实现。

（三）到何而去

博物馆主要通过陈列展览、社会教育、课题研究、文创开发等方式来提升征集藏品的利用率，然而，以上途径往往关注和反馈的是对于藏品本体的研究与利用，对于藏品征集过程和手段的关注度较为欠缺，实则这一点也值得我们去深思和探讨，这无异于“授人以鱼不如授人以渔”之道理，因此，本小节所论述的重点为博物馆在藏品征集工作上所实现的成果性转化。

近年来，各大博物馆对于藏品本身的关注逐渐转换为对藏品、人、事的关注，主要体现在陈列展览和学术研究两大方面，例如，重庆中国三峡博物馆常年设立“社会捐赠文物展厅”（见下图），以半年为期，向公众轮换展示接受捐赠的文物藏品。又如，上海博物馆、河南博物院等通过编纂征集（受赠）文物图录来提高征集藏品的利用率。

图　重庆中国三峡博物馆社会捐赠文物展厅

据不完全统计，自建馆以来，重庆中国三峡博物馆推出“景仁怀德：社会捐献文物展”“巴渝旧事君应忆——荷兰高罗佩家族捐赠高罗佩私人收藏文物展”“桑梓情深——李初梨捐赠书画展”等展览10余场，出版《周永林捐献文物图选》《李忠翔捐赠版画捐赠集》《杜显清捐献国画作品集》《李初梨同志捐赠文物图册》等图书资料10余册；上海博物馆推出“鼎盛千秋：上海博物馆受赠青铜鼎特展”“高山景行：上海博物馆受赠文物展”“盛世芳华：上海博物馆受赠文物展”等展览30余场，出版《高山景行——上海博物馆受赠文物精粹》《高斋隽友——胡可敏捐赠文房供石》等多册图书资料。此外，四川博物院出版的《四川博物院征集文物选：2009—2012》、陕西历史博物馆出版的《陕西历史博物馆新入藏文物精粹》、河南博物院出版的《掇菁撷华：河南博物院征集文物图录（1997—2018）》、山西博物院出版的《文物捐赠人》、海南省博物馆出版的《海南省博物馆历年文物征集与研究》等亦具有典型性，尤其是海南省博物馆出版的这部著作，与其他博物馆以图录为主的产出方式有所不同，它更多的是对藏品征集工作的思考和研究性论述。作为学术课题进行研究的案例较少，重庆中国三峡博物馆将“馆藏文物征集的新形势、新问题与对策研究”作为选题方向之一，尝试在博物馆藏品征集工作方面有一定的理论开拓和学术建树。

二、藏品征集中的痛点与解决措施

（一）征集藏品缺乏系统性且具有重复性

被动化的征集方式通常会导致征集到的藏品缺乏系统性、延续性，不能够很好地满足和支撑展览、研究等工作，使得藏品的利用价值大打折扣，特别是在接受捐赠的藏品上，这一弊病显得尤为突出。伴随藏品征集缺乏系统性而生的是藏品的同质化现象，即某一类型藏品或者表达某一文化内涵的藏品重复率过高，例如部分博物馆在征集票据、钱币等方面表现尤为突出。馆内藏品同质化固然能反映一个地区在某方面的优势，但是同质化现象如果过于普遍就容易造成普通参观者的审美疲劳，也会导致藏品收藏给有限的库房空间造成负担。[3]

因此制定科学、合理的藏品征集规划（计划）是开展藏品征集工作不可或缺的一环。藏品征集人员应做到对馆藏资源了然于心，对时下热点、重要节点和市场发展等具备一定的敏锐度和前瞻性，结合自身发展需要，在摸清本馆藏品现状、填补空白和薄弱环节、调查分析研究征集信息的基础上[4]，制定年度征集计划、中长期征集规划及专题性征集计划等。

（二）征集藏品利用时效性较低

部分藏品征集入馆后，常年处于搁置在文物库房的状态，不能得以及时研究和有效利用。一方面是因为在征集过程中，未能以展览、研究、教育等需求为导向，从而使得征集到的藏品无处可用。另一方面是对于征集藏品本身的研究不够到位，挖掘藏品背后的故事及其文化内涵不够深入。

当前诸多博物馆策划推出的展览很大程度上仍是对旧藏①珍贵文物的利用，对于新征集入馆的藏品用之较少，在学术研究上亦是如此。国家文物局《博物馆运行评估标准》②明确指出将“博物馆新征集藏品对于完善收藏体系，满足展示、研究等方面的价值意义”作为博物馆运行评估考核指标之一，博物馆应重视对新征集藏品的成果转化，以展览、科研等为抓手，构建“征集+展览”“征集+课题”“征集+宣教”等一体化工作机制，推动征集藏品得以及时有效利用。

（三）藏品征集渠道逐渐窄化

在博物馆多元化发展的今天，随着专题博

① 此处“旧藏”指的是征集入馆在10年以上的藏品。

② 文物博发〔2022〕28号. 国家文物局关于印发《博物馆运行评估办法》《博物馆运行评估标准》的通知. 2022年11月8日

物馆、行业博物馆、地方博物馆的蓬勃发展，像重庆中国三峡博物馆、广东省博物馆、湖南博物院等综合类省馆，通过考古发掘和接受有关部门移交、调拨来获取藏品的途径严重受阻，例如1979年后长沙出土的文物都没有进入其省博物馆[5]。主要表现为：一是发掘出土的文物一般情况下是直接收藏于考古发掘机构组建的博物馆中；二是公安、海关等执法部门对于涉案文物的移交多考虑其所在地的地方博物馆，向省馆的移交相对较少。

面对以上问题，一是建议在已满足上述有关博物馆陈列、研究等需要的前提下，在当地文物行政部门主管的指导和支持下，对于重复性、同质性的藏品可适当考虑移交至省馆和其他有需求的国有博物馆；与此同时，在实际工作中，新疆维吾尔自治区博物馆、湖北省博物馆、成都博物馆、河北省文物保护中心，采取联合建馆（院）、统一保管等方式，妥善解决了考古研究机构文物的移交问题。[6] 二是加大对藏品征集线索库的建设力度，一方面是对既有的藏品来源进行梳理完善，另一方面是对搜集到的线索跟踪录入，切实维护好博物馆与收藏家、收藏机构的关系，及时掌握藏品持有者的有效信息，确保线索明晰化、条理化、精确化，为厘清馆藏缺项和拓宽征集渠道奠定良好基础。[7]

（四）征集经费难以保障

尽管国家对博物馆发展经费投入的力度持续加大，但是主要倾向于陈列展览、文物保护与修复等方面，对于藏品征集资金相对不足，特别是经济欠发达地区，藏品征集专项资金基本没有。[8]

解决上述困境，笔者认为可从以下几个方面来突破难关：一是努力争取市财政专项资金，提前制定适合自身发展的藏品征集计划，促使藏品征集资金拨付有理有据。二是拓展多元化的经费渠道，九部委印发《关于推进博物馆改革发展的指导意见》中指出：博物馆开展陈列展览策划、教育项目设计、文创产品研发取得的事业收入、经营收入和其他收入等，按规定纳入本单位预算统一管理，可用于藏品征集等。①博物馆或可将部分自主收入用于藏品征集中，从而解决经费不足之问题。

三、从征藏到征用

“保护第一、加强管理、挖掘价值、有效利用、让文物活起来”的文物工作方针，擘画着新时代博物馆高质量发展的宏伟蓝图。一件藏品从社会面进入博物馆中，不仅仅是需要我们对其进行妥善保管，22 字新时代文物工作方针中用了整整14个字对藏品的活化利用作出明确指示要求。因此，藏品征集应当始终坚持问题导向、目标导向、效果导向，认真思考为什么征、征什么、怎么用，最大化发挥其历史、艺术和科学价值。

（一）以展促藏

征集到的藏品向社会最直观、最形象的反馈，即是运用至陈列展览中。为提高新征集藏品的利用率，重庆中国三峡博物馆通过“以展促藏”的方式做出突破性尝试，实现从“先征集后利用”到“边征集边利用”的模式转化。例如，其推出的“‘国强’的生活——庆祝新中

① 文物博发〔2021〕16 号. 中央宣传部　国家发展改革委　教育部　科技部　民政部　财政部　人力资源社会保障部　文化和旅游部　国家文物局印发《关于推进博物馆改革发展的指导意见》的通知. 2021 年 5 月 11 日。

国成立 70 周年重庆生活变迁物证展”“牢记嘱托战贫困　巴山渝水换新颜——重庆市脱贫攻坚展”等展览，又如中国丝绸博物馆自 2011 年起推出的年度时尚回顾展[9]，均是通过展览启动藏品专项征集活动，切实促进了征集到的藏品及时得以有效利用。此外，利用展览致敬与回馈藏品捐赠（提供）者也是“以展促藏”的重要实现途径之一。与前面因展览开展的专项征集不同的是，这个从对物的关注转换为对人的关注，更有助于激发社会公众将个人欣赏变为全民共享的热情，从而扩充馆藏。例如重庆中国三峡博物馆策划的“李忠翔版画捐赠作品展”、广东省博物馆策划的“岭东雅韵——杨得鸿、杨煜捐赠历代潮人书画展”等，都是展藏互促的良好实践。

（二）以研促藏

“挖掘价值”是博物馆事业发展的题中要义之一，更是保护和传承中华优秀传统文化的基础。收藏与研究如同史料和史学的关系，两者相互依存、密不可分，因此，藏品征集工作或可与学术课题并轨而行。科研项目不应只立足于对原有馆藏的研究，而是可以通过课题研究，结合研究主旨，利用社会调查、田野采集等方式，获取研究对象的有关线索，将第一手研究资料向博物馆藏品转化，不仅有利于藏品资源的有效整合，更是补齐馆藏短板，从而让研究更加系统化，使藏品更为体系化。

（三）以教促藏

乔治·埃里斯·博寇在《新博物馆学手册》提出：“博物馆的收藏活动，必须有目的性，获取并维护适于博物馆的研究参考、提供范例，或在美学上和教育上有重要价值的物件。”[10]藏品征集与博物馆公众教育有着密不可分的关系，目前博物馆向社会提供文化服务的主题往往基于现有馆藏资源，其实通过社教活动获取新的馆藏或可成为未来博物馆开展收藏活动的途径之一。例如，通过策划红色研学活动、非遗研学活动等，充实藏品征集线索库，有目的性地为扩充革命文物、非遗代表性物证等系列馆藏打下良好基础。又如，组织开展或与其他机构联合举办反映中华优秀传统文化的相关比赛，搜集具有一定历史、艺术和科学价值且符合博物馆入藏标准的参赛作品，助推其从“作品”到“藏品”的高效转换。

四、结语

藏品征集工作是新时代文博事业蓬勃发展的“奠基石”，全面满足人民群众精神文化需要的“营养土”，它并不是单方面服务于博物馆各项业务活动，而是与研究、阐释和传播等工作互为成就、相互促进。征集藏品的利用是一个多方面、多层次的过程，需要博物馆、有关部门、专家学者、社会公众的共同努力和通力合作，及时、有效地对新征集藏品进行挖掘、整理与整合，将博物馆“六大体系”①有机结合起来，从而转化为具有现代意义的新内容，才能更好地保护好、传承好、利用好中华优秀传统文化，为建成社会主义文化强国打下坚实基础。

① 此处所指的“六大体系”是陈建明、张小溪在《博物馆是什么》一书中提出的博物馆的收藏与研究体系、藏品保护体系、当代语境下的现代化传播体系、博物馆的陈列展览体系、基于自主学习的教学体系、观众服务与观众参与体系。

参考文献：

[1] 吕军. 藏品管理学 [M]. 长春：吉林大学出版社，1996：23－25.

[2] 龚良. 藏品范畴与博物馆多样性的实现 [J]. 文博学刊，2018（1）：63－64.

[3] 林翘. 地方博物馆藏品科学收藏体系构建研究 [D]. 上海：复旦大学，2014：29.

[4] 史韶霞. 对博物馆藏品征集工作的思考——以青岛市博物馆为例 [J]. 博物馆研究，2006（3）：81－84.

[5] 陈建明，张小溪. 博物馆是什么 [M]. 桂林：广西师范大学出版社，2023：35.

[6] 单霁翔. 在全国博物馆工作座谈会上的讲话 [M] // 单霁翔. 博物馆的科学管理. 天津：天津大学出版社，2017：47－66.

[7] 焦丽丹，黄洋. 国有博物馆藏品征集的瓶颈问题与建议 [J]. 中国博物馆，2021（4）：42.

[8] 张旻新. 新形势下文物藏品征集的几点思路 [N]. 中国文物报，2019（7）.

[9] 杨明刚. 记忆当代　联通未来——浅议博物馆当代藏品征集 [J]. 中国博物馆，2018（4）：81－86.

[10] 博寇. 新博物馆学手册 [M]. 张云，曹志建，吴瑜，等译. 重庆：重庆大学出版社，2011：54－55.

川渝地区非物质文化遗产展示现状分析与趋势初探①

管晓锐 刘 薇 郎吉才②

摘 要：近年来在非遗馆建设热潮和非遗展不断涌现的业态背景下，结合国内非遗政策导向和学界新兴议题，针对重庆和四川地区非遗策展实践现状，从非遗和非遗展概念切入，分别对非遗的展示空间、策展实践和叙事类型开展分析，进一步提出非遗展示发展趋势和路径建议。强调要以展品兼具精神性、无形性、活态性和多元性为认知前提，结合动静结合的过程性展示，注重观众体验的阐释性设计，聚焦川渝地区根植于巴蜀文化生态的非遗资源。还应充分利用非遗策展，促进两地协同和资源整合，面对当下挑战，守正创新，提升非遗展示水平，促进川渝非遗活化利用。

关键词：非物质文化遗产 展览 非遗馆 博物馆

伴随着近年来出现的“博物馆热”“非遗热”等社会现象，国内非遗馆、文化馆、博物馆和美术馆等公共文化机构纷纷投身于非遗办展之中。“国内省、市、县3级非遗专题博物馆正处于兴建的井喷期，并且逐步形成了以‘非遗馆’命名这类非遗专题展示空间的共识。”[1] 在非物质文化遗产资源丰富的重庆和四川地区，这一业态趋势十分明显，据不完全统计，近三年来，川渝地区新增非遗馆不少于10家，在非遗馆、文化馆、博物馆和美术馆等公共文化场所举办非遗展超过60项。然而，持续升温的社会关注热度与自身办展热情，无法替代公共文化机构的学理思考。尤其当面临着非遗展特有的复杂性挑战，“对于分属不同领域的公共文化机构而言，非遗展示仍然是一个相对陌生的领域”[2]——已不仅限于实物展品陈列于空间的形式表达，而是一种通过多感官综合沟通媒介，在“博物馆”和“文化中心”等形态的多元空间里，向观众传播文化现象和技艺过程，并以此促使观众参与的叙事行为。显而易见，在非遗策展过程中，有必要借助学科领域中相对成熟的博物馆学理论方法和实践经验，为实践提供充分的学理支撑。因此，基于重庆和四川地区非遗展示现状调研，结合博物馆学界“叙事”“阐释”等新兴议题，通过解析这一区域非遗策展实践案例，本文试图探索非遗展示发展趋势和方法路径。

一、研究背景

（一）政策导向

我国由政府主导推动的非遗保护工作，从2001年昆曲入选联合国教科文组织“人类口头和非物质遗产代表作”开始，已走过至关重要的23年发展历程。在党中央的高度重视下，“非遗保护传承在制度体系、传承渠道、创新发展、

① 基金项目：本文系重庆市社会科学规划年度一般项目“博物馆展览赋能巴蜀非物质文化遗产活化利用研究”（项目编号：2023NDYB205）的阶段性成果。

② 管晓锐，四川美术学院博士研究生在读、重庆中国三峡博物馆文博副研究馆员。刘薇，重庆中国三峡博物馆文博副研究馆员。郎吉才，重庆中国三峡博物馆文博馆员。

传播普及等方面已取得系列重要成果，还将在政策法规体系、名录体系、理论研究体系、人才队伍体系、传播推广体系以及传承体验设施建设、数字化保护等方面继续用力”。[①]作为非遗保护传承的重要平台，非遗馆、文化馆、博物馆和美术馆等公共文化机构通过举办非遗展览促进非遗传播推广，已成为回应当前非遗保护传承新趋势、系统性保护新要求和公众观展体验新需求的行业自觉。

党的十八大以来，重庆市和四川省各级部门深入贯彻习近平总书记关于传承发展中华优秀传统文化一系列重要讲话精神，落实中办、国办印发的《关于实施中华优秀传统文化传承发展工程的意见》《关于进一步加强非物质文化遗产保护工作的意见》，文化和旅游部印发的《“十四五”非物质文化遗产保护规划》《关于推动非物质文化遗产与旅游深度融合发展的通知》等有关要求，依据《中华人民共和国非物质文化遗产法》《重庆市非物质文化遗产条例》《四川省非物质文化遗产条例》，围绕联合国教科文组织《保护非物质文化遗产公约》，积极推动非遗保护传承，促进中华优秀传统文化创造性转化、创新性发展。在政策导向层面，通过印发《“十四五”非物质文化遗产保护规划》[②]《巴蜀文化旅游走廊建设规划》[③]和《实施意见》[④]，让巴蜀非遗保护利用实践更加有章可循。截至目前，川渝地区有国家级非遗代表项目共计206项（重庆市53项，四川省153项），覆盖国家级非物质文化遗产代表性项目名录[⑤]十大门类，全社会参与非遗保护与传承的积极性显著提高。一系列政策导向均表明，川渝地区非遗保护利用实践正在全面、有序、科学、系统地推进。

图一　重庆和四川国家级非物质文化遗产代表性项目门类示意图（来源：中国非物质文化遗产网）

---

① 2023年12月14日，在国务院新闻办公室举行“权威部门话开局”系列主题新闻发布会上，文化和旅游部副部长卢映川介绍非遗系统性保护工作现阶段成就，并提出下一步工作推进措施。

② 2021年重庆市文化和旅游发展委员会印发《重庆市非物质文化遗产保护“十四五”规划》，四川省文化和旅游厅印发《四川省“十四五”非物质文化遗产保护规划》。

③ 2022年文化和旅游部、国家发展改革委、重庆市人民政府和四川省人民政府联合印发《巴蜀文化旅游走廊建设规划》。

④ 2022年四川省文化和旅游厅等12个部门联合印发《关于进一步加强非物质文化遗产保护工作的实施意见》。

⑤ 国务院先后于2006年、2008年、2011年、2014年和2021公布了五批国家级项目名录。前三批名录名称为“国家级非物质文化遗产名录”，《中华人民共和国非物质文化遗产法》实施后，第四批名录名称改为“国家级非物质文化遗产代表性项目名录”。

（二）非遗场馆发展动态

非遗被广泛纳入展览领域，与近年来国内非遗馆业态涌现和非遗策展实践递增紧密相关。作为非遗展主要的举办机构之一，非遗馆近年来如雨后春笋般在各地涌现，除择址新建外，常见与文化馆共用馆舍，并由当地非遗保护中心作为其运营管理机构。十四五时期新建成开放的省级及以上非遗馆有西藏非物质文化遗产博物馆（2024，拉萨）、广东省非物质文化遗产馆（2024，广州）、浙江省非物质文化遗产馆（2023，杭州）、中国大运河非物质文化遗产展示馆（2023，沧州）、中国工艺美术馆（中国非物质文化遗产馆）（2022，北京）等。在重庆和四川地区，已建成开放并冠以“非遗”的场馆则有，渝东南非物质文化遗产馆（2024，重庆市黔江区）、秀山非遗体验馆（2024，重庆市秀山县）、江津区非物质文化遗产展示馆（2024，重庆市江津区）、重庆母城非物质文化遗产馆（2023，重庆市渝中区）、沙坪坝区文化馆非遗传习展示厅（2022，重庆市沙坪坝区）；四川非遗馆（2022，成都市）、遂宁市非物质文化遗产展览馆（2022，四川省遂宁市）、珙县非物质文化遗产馆（2022，四川省宜宾市）等。

相较于新兴的非遗馆，博物馆、美术馆等公共文化机构，由于其宗旨使命和业务领域仍会触及非遗的收藏、研究和展示，因此也致力于非遗展览的举办，成为非遗办展机构的主体之一。虽然同属社会公共文化服务机构，但是，上述机构类型涉及国有和非国有场馆，运营管理机构也不尽相同，涉及非遗保护中心、文化馆、博物馆和美术馆，其行政主管部门也分属文化、文物以及特定行业领域。以重庆和四川地区为例，非遗展览举办主体机构除了名称冠以非遗的场馆，事实上还包括博物馆、美术馆等公共文化机构。

（三）学界新兴议题

国内学界在历史学、艺术学、社会学、民族学、美学和传播学等领域对非遗作出了持续性研究，已取得各自学科视野下的丰硕成果，然而，非遗展研究与博物馆行业的理论与实践相衔接是近10年才渐成的发展态势。进入21世纪以来，伴随着中国博物馆理念上由“藏品本位”向“观众导向”的转型，“叙事”[3]“阐释”[4]议题兴起，以非遗展为研究对象的议题逐渐引起国内博物馆界关注。在非遗传播研究层面，“非遗+博物馆”成为近年非遗线下展示、传播、体验的重要途径。[5]周婧景（2019）在界定“阐释性展览”概念时强调其根本标准是“促使观众参与”[6]，杨红（2024）指出“在非遗的展示中，讲述、表达和解释发挥着重要的作用，因而，这种展示是不止于‘展陈’，并且接近于‘阐释性展览’而又增加了许多实践类活动内容”[7]。纵观学界成果，可见这类研究经历了基础层面的问题认知、应用层面的策展个案分析到专业层面的理论构建之发展历程，并呈现出打破传统边界，汇集各类场馆非遗展，基于博物馆学视角探讨非遗展的专业化发展趋势。其原因主要在于，展览通常并非非遗馆、文化馆等传统非遗收藏机构业务专长，却是博物馆核心业务，博物馆也有着较为成熟的展览理论发展。因此，需要基于博物馆学等跨学科研究方法和理论框架，去探讨公共文化机构策划非遗展的叙事类型问题，为进一步推进非遗活化利用奠定理论基础。

“叙事”议题在国内博物馆学界的兴起，直接推动了对博物馆传统展示模式的反思，为非遗走进博物馆展览叙事语境提供了契机。中国知网上有关博物馆展览叙事议题的论文，从空间、设计、媒介、技术等多角度，探讨实现观众身心参与的方法路径和理论构建，这恰好契合非遗活化利用研究的主流观点，即非遗与当代生活重建关系过程中，博物馆展览发挥重要的阐释性媒介沟通作用，可以促进非遗关联现实生活。纵观国内博物馆学界近年来研究动向，可见较早出现对非遗展叙事研究的探讨集中出现在 2018 年：严建强在《博物馆化的扩张——博物馆文化的兴起与演变》为题的学术讲座①上指出，“博物馆非遗展示是以人的行为为载体的过程性的动态展示，其核心在于隐藏于‘物’背后信息的阐释”。[8] 同年，严建强、关昕和朱伟等发表论文《非物质文化遗产与博物馆——关于当代中国非物质文化与博物馆关系的若干思考》《从知识、技术到智识传统：“非遗”主题展览叙事的话语分析》《非物质文化遗产中的“国家”叙事》等。此后，关涉非遗展叙事方法和路径研究的成果逐渐增多，《现象类展品为主体的展览：背景、特点与方法——以科学中心与非物质文化遗产博物馆为例》（严建强，2020）针对“现象”成为展示主体这一博物馆领域巨大变化，分析其产生缘由、影响、问题和难点；《非遗专题展览的叙事方式研究》（杨红，2021）借鉴墨尔本博物馆原住民文化中心叙事策略，讨论非遗专题展览阐释方法；《运河流域非遗策展与运营探索——以“大运河非物质文化遗产”展为例》（陈述知，2021）强调提升观众的参与互动性，打造主线清晰、时空拓展、灵动多变的非遗展；《博物馆非遗展览的叙事与阐释——以浙江省博物馆“非凡的心声”为例》（程旻，2022）则针对古琴展传播力不足等问题，强调有效阐释；《博物馆叙事语境中的非物质文化遗产》（武洪滨，2022）根据民俗叙事的“语言、行为、景观”三重路径，为博物馆非遗展览叙事的建构提出路径分析；《非遗策展的“活态化”叙事与关联建构》（张金霞，高冬萌，2021）从“见人”“见物”“见生活”三个方面分析非遗展叙事策略；《非物质文化遗产数字化实践的立意迭代》（杨红，2024）提出非遗数字化保存核心目的已从保存、宣传扩展到传播与利用，在实体空间的展示就是传播非遗的一种方式。

二、重庆和四川地区非遗展示现状分析

（一）非遗与非遗展相关概念

“Intangible Cultural Heritage，ICH”即“无形文化遗产”，在我国被称为“非物质文化遗产”，20 世纪中后期以来，各国与各组织纷纷开展对非遗相关概念的界定。2006 年，联合国教科文组织正式生效的《保护非物质文化遗产公约》中，明确了“非遗”是指“被各社区、群体，有时是个人，视为其文化遗产组成部分的各种社会实践、观念表述、表现形式、知识、技能以及相关的工具、实物、手工艺品和文化场所”。由此可见，“非遗的首要内容是精神性、无形性和活态性的艺术表现形式和文化事项，其次才是物质形态的相关工具、实物和场所，这决定了非遗展览与以实物藏品为核心的文物、艺术品展览有着本质区别”[9]。

广义来说，非遗展包括在历史原生空间、各类现代文化空间和网络虚拟空间中举办的以非遗事项为展现内容的展览、展示、展销、展演等活动。狭义来讲，“非遗展是指将非遗事项作为保护、审美的传统文化对象，在当下所见的各类实体文化空间和虚拟文化空间中，加以过程性展示，充分利用传承人活态展演、相关实物资源和现代展览技术，阐释非遗的精湛技艺、艺术美感、历史传承、精神世界等丰富内涵，供受众体验、欣赏、理解、消费的展览、展示、展销、展演等活动”[10]。

（二）非遗展示空间

随着非遗馆业态和非遗策展实践逐年递

① 广州美术学院艺术与人文学院组织举办的“博物馆展览诠释”讲座第一讲，于 2018 年 6 月 20 日在该学院举行，主讲人为浙江大学文物与博物馆学系教授、系主任、博士生导师严建强，讲座题目为《博物馆化的扩张——博物馆文化的兴起与演变》

增，可以发现非遗线下展示空间大体分为“博物馆”和“文化中心”两种形态，分析如下：

“博物馆”形态的展示空间，主要指具有非物质文化遗产收藏、保护、研究、展示等功能的，已在当地文化、文物行政主管部门备案的公益性非遗馆、文化馆、博物馆和美术馆，在其常设展览和临时展览空间展示各门类非遗项目及其代表性传承人的作品、技艺、知识、工具、生产生活场景，以及当代非遗保护实践成果。此类空间通常是集展示、传习、体验功能为一体的公共文化设施，不仅是非遗传承与传播的常设性、开放性机构，而且也是非遗传承体验设施体系的重要组成部分。

“文化中心”形态的展示空间，是指在博览会和节庆活动现场，以及特色小镇、特色街区、生产性基地组织设置的不限于室内的展销、展演空间，通常与区域旅游活动、特色文化展会和时令节气民俗活动融合，兼具文旅营销功能。例如，重庆市文旅委近年来结合“文化和自然遗产日”重庆主场活动，以“非遗购物节”形式持续推出重庆非物质文化遗产暨老字号博览会；成都国际非遗博览园每两年举办一届的“中国成都国际非物质文化遗产节”等。再如，围绕自贡灯会、铜梁龙灯会、大足宝顶庙会、宜宾国际名酒文化节、泸州老窖文化艺术周等区域品牌活动举行的非遗展演活动。由此可见，地方政府主导的非遗节庆活动，以及彩灯、白酒等传统技艺类非遗展示与文旅融合并关联相关产业均体现出较好发展势头，也得到普遍认同和推行。然而，其他门类非遗的展示传播如何遵循市场规律，发挥更大价值，尚处于初探阶段。从近年来新建非遗馆来看，选址于特色小镇、特色街区，赋能文旅融合和民俗展演等活动，成为回应市场需求的普遍做法。比如，渝东南非物质文化遗产馆选址在濯水古镇，办馆宗旨之一即为与古镇街区、非遗市集以及非遗传承人活态展示区域相互融合，形成“展馆+街区”布局。[11] 而非遗展览融入商业空间的探索也在持续，2023 年 4 月，“文传千载 酒承万象”为主题的五粮液文化酒主题探索馆在成都悠方购物中心对外开放 [12]；2024 年 5 月，五粮液与四川博物院合作开启“川酒文化历史探索之旅主题文化活动”，并在成都万象城中心广场举办“川酒文化历史探索之旅联合特展”[13]；2023 年 12 月，重庆市沙坪坝区文化馆在该区王府井商场一层大厅设置沙坪坝区非物质文化遗产传承体验馆的非遗传承体验分馆，发挥展示、销售和体验功能，展示作品有磁器口剪纸、漆器髹饰技艺等多项重庆非遗项目等 [14]。

（三）非遗策展实践

重庆和四川地区的非遗馆、文化馆、博物馆和美术馆等“博物馆”形态展示空间，通常以常设和临时两种形式举办非遗展览。这些非遗场馆主要以一定地域、一个或多个非遗门类、一种或多种非遗项目资源以及孕育这些传统文化形态的地域人文历史与风土人情背景为内容主体 [15]。非遗馆（文化馆）通常以非遗常设展览的正式对外开放为常态化运营的基础条件，体现该馆在非遗方面的重要社会使命和藏品资源优势。例如，2024 年建成开放的渝东南非物质文化遗产馆，是以 2014 年文化和旅游部批准重庆市设立“武陵山区（渝东南）土家族苗族文化生态保护实验区”为背景 [16]，设立的重庆首个渝东南文化生态保护实验区概念下的区域性非遗馆，这与国家层面政策部署密切相关。另外，博物馆和美术馆即使未将非遗列入常设展览专题，但仍通过不定期举办非遗专题的临时展览，丰富展陈体系，满足观众多元文化需求。尤其当馆藏优势资源、最新研究成果涉及非遗或面临节庆活动时，博物馆和美术馆通常会主动谋划举办非遗展览。通过梳理近 5 年重庆和成都地区的博物馆和美术馆举办的临时展览，总结上述策展实践如下表。

表　重庆和四川地区公共文化场馆举办非遗展览情况列表

场馆名称	所在地	类型	非遗展览名称（开展时间）	
			常设展览	临时展览
渝东南非物质文化遗产馆	重庆市黔江区	非遗馆	“文化生态保护实验区建设成果展”、（2024）和“渝东南两区四县非遗项目展”（2024）	
秀山非遗体验馆	重庆市秀山县	非遗馆	“秀山非物质文化遗产体验展”（2024）	
江津区非物质文化遗产展示馆	重庆市江津区	文化馆 非遗馆	“江津遗韵：重庆市江津区非物质文化遗产展”（2024）	
沙坪坝区文化馆非遗传习展示厅	重庆市沙坪坝区	文化馆 非遗馆	“沙坪坝区非物质文化遗产展”（2022）	“川渝两地漆器艺术品专题展销”（2023）
重庆母城非物质文化遗产馆	重庆市渝中区	非遗馆	“重庆母城非遗传承共创展”（2023）	
重庆中国三峡博物馆	重庆市渝中区	博物馆	“西南民族民俗风情”（2005）	“新春文化”临展系列和“时令节气”微展系列，“馆藏年画展”“馆藏古琴艺术展”（持续）
重庆大足石刻博物馆	重庆市大足区	博物馆	“艺术涅槃：大足石刻展”（2015）	“石韵韶华：庞书麟非遗艺术展”（2023）
重庆大渡口区博物馆	重庆市大渡口区	博物馆		“探寻·传承：大渡口区非遗专题展”（2023）
重庆巴渝民俗博物馆	重庆市渝北区	博物馆	“农耕生活厅”“物质生活展厅”“传统婚俗厅”“非遗展厅”（2019）	“匠心：巴渝木作文化艺术展”（2020）；“恰是百年风华：中外经典照相机展”（2021）；“石迹：渝北区石窟寺及石刻文物拓片展”（2023）
重庆巴渝民间医药博物馆	重庆市渝中区	博物馆	“历代名医名著馆”“名方、名药展示馆”“少数民族医药特色馆”“历代民间药物炮炙、工艺、工具陈列馆”“民间中草药动植物标本、仿古药房展示馆”（1996）	
重庆川剧博物馆	重庆市渝北区	博物馆	“艺苑奇葩”“巴蜀沃土”“川剧英华”“巴渝风韵”（2012）	
重庆市美术馆	重庆市	美术馆		“第一届重庆市工艺美术及非遗展”（2023）；“第二届重庆市工艺美术及非遗展”（2024）
四川美院美术馆	重庆市	美术馆		“巴渝文脉新撰——重庆非物质文化遗产当代跨界艺术展”（2019）

续表

场馆名称	所在地	类 型	非遗展览名称(开展时间)	
			常设展览	临时展览
四川省非物质文化遗产馆	四川省成都市	非遗馆	“天府根脉——四川省非物质文化遗产精品展”(2022);“四川省黄河流域非遗展”(2022)	
遂宁市非物质文化遗产展览馆	四川省遂宁市	文化馆 非遗馆	遂宁非物质文化遗产展(2022)	
珙县非物质文化遗产馆	四川省宜宾市	非遗馆	苗族蜡染技艺展(2022)	
江安县夕佳山民俗博物馆	四川省宜宾市	博物馆	川南生活习俗展(2021)	“非遗焕彩 传承固安”江安县非遗专题展(2024)
高县复兴镇僰道婚俗馆	四川省宜宾市	博物馆	僰道婚俗展(2022)	
宜宾竹文化博物馆	四川省宜宾市	博物馆	“竹艺·百代传:竹工艺精品展”(2024)	
成都中国皮影戏博物馆(成都博物馆)	四川省成都市	博物馆	“影舞万象 偶戏大千:中国皮影木偶展”(2016)	“巧夺天工:传统工艺的现代新生”(2019)
四川博物院	四川省成都市	博物馆	“民族文物”“工艺美术”专题陈列(2009)	
四川大学博物馆	四川省成都市	博物馆	“天与工巧:古代工艺展”(2023);“市井的生活”民俗陈列(2023)	
宜宾市博物院	四川省宜宾市	博物馆	“四季乡愁”民俗专题陈列(2021)	
中国彩灯博物馆	四川省自贡市	博物馆	“中国灯历史厅”(2023);“自贡灯会历史厅”(2023);“自贡彩灯精品厅”(2023)	“照见:自贡彩灯非遗文创暨创意灯品艺术展”(2023);“中国彩灯非遗艺术精品网络展”(2020)
五粮液酒文化博览馆	四川省宜宾市市	博物馆	“五粮液酒文化展”(2022)	
水井坊博物馆	四川省成都市	博物馆	“水井坊专题文化展”(2013);“国际多元酒专题文化展”(2013)	
泸州老窖博物馆	四川省泸州市	博物馆	泸州老窖南宋酒文化石刻原址保护展示馆(2023);泸州老窖酒史和酒文化展(2022)	“何以浓香 于兹为盛:泸州老窖酒传统酿制技艺700周年展”主题云展(2024)
泸州河川剧艺术博物馆	四川省泸州市	博物馆	“泸州河川剧艺术展”(2020)	
成都川菜博物馆	四川省成都市	博物馆	“川菜历史文化展”(2007);“感触非遗 绝世刀功”川菜刀功绝技展演(2020)	“感触非遗——经典川菜传统制作技艺展”(2019);“食·味:川菜食材知识展”(2021)

续表

场馆名称	所在地	类型	非遗展览名称（开展时间）	
			常设展览	临时展览
成都市美术馆	四川省成都市	美术馆		“艺藏知时：成都市美术馆馆藏中的二十四节气”（2024）；“巴蜀非遗 川渝丹青”绘画展（2021）
四川美术馆	四川省成都市	美术馆		“民艺乡愁：首届川渝民间工艺双创精品展”（2024）
广汇美术馆	四川省成都市	美术馆		“逐梦鸢行”非遗纸鸢艺术作品展及非遗艺术月系列工作坊（2024）；“燕有归期 不远万里”定格动画首映暨艺术展演（2024）

（作者整理编制）

（四）叙事类型分析

1. 美学叙事：传统手工艺类非遗展

在艺术学视角下，将手工技艺作品展示纳入美学范畴，凸现其技艺特征，强调作品本身的美学价值，是传统手工艺类非遗展叙事的普遍目的。此类展览呈现出的美学叙事模式，“实质是将非遗相关器物的诠释重心由过程展示的功能‘介质’转向艺术鉴赏的美学‘载体’，与此同时，强化了非遗相关传承人艺术化的个体认知，促进展览向纯艺术性展示的转化”[17]。然而，多元性展品和过程性展示内容，让非遗展在静态审美模式之外，还具有情景式、参与式的审美基础，更有利于引导观众关注手工艺遗产与日常生活的关系。由此可见，这种双重性形成了工艺美术类非遗展在艺术视角和生活美学之间游移的叙事特征。以四川大学博物馆常设展览“天与工巧：古代工艺”为例，古典艺术与现代审美融合的理念贯穿展览叙事始终，从架空12米人字坡屋顶和天窗引入自然光，到嵌入多媒体互动装置的定制展柜，以及展柜内模块化组装的文物展托，充分凸显出古代工艺品本身的极致美感，让古典艺术与现代审美相融合，传统器物与现代建筑空间相契合。在参与式展项设置上，通过装配式展柜嵌入多媒体展项，借用艺术学研究方法构建美学解读系统，不仅确保辅助展项与展示内容、展具展托和参观动线相得益彰，而且避免多媒体抢夺文物展品本身的视觉吸引力，或干扰工艺品本身美感的视觉传达。

图二 “天与工巧：古代工艺”突显工艺品本身的美学价值（作者拍摄）

2. 民俗叙事：民俗类非遗展

在民俗叙事类型中，物件意义的重点不在

于器物本身的美学特色，而是其所代表的社会文化情境。因此，“民俗叙事更注重通过艺术再现，重建社会文化场景，其目的在于，既要力图呈现出地域文化的整体性，强调物质文化与知识体系之间的关联度，又要强化观众身临其境的体验感，突出精神诉求与情感体验之间的影响力”[18]。以宜宾市博物院（宜宾市非遗保护中心）“四季乡愁”宜宾民俗专题陈列为例，该常设展览以自然四季为叙事主线，用“春生”“夏长”“秋收”“冬藏”四个篇章，以二十四节气歌为指引，通过13个场景、500余件实物展品，描绘宜宾人在这片土地上生产生活的情景，讲述发生在宜宾的那些新生、成长、离别和团圆的故事，展示宜宾丰富多彩的非物质文化遗产和独特的民俗。自然四季在叙事主线上的视觉特征明显，13个场景不仅融入叙事脉络而且契合参观动线，起到了强化展览民俗叙事的作用，构成既有四川地域文化特征整体性的视觉呈现和信息传播，又有唤起观众情感共鸣的体验场域。民俗实物展品选择上，更加强调其原真性和功能性而弱化其美学特征，并以展品组形式融入场景之中，成为艺术装置设计的对象，旨在艺术再现社会文化场景。

图三　“四季乡愁”宜宾民俗专题陈列契合参观动线的场景设置，观众融入其中，共同构成完整的民俗叙事（作者拍摄）

3. 项目叙事：非遗名录项目展

当非遗文化事项本身成为展览叙事逻辑，所形成的一种非遗展叙事类型可称之为“项目叙事”。换而言之，项目叙事是以特定行政区域为范围，遵循于区域内国家级、省市级等非遗名录项目分类及内容，形成的展览主题纲目结构，并对应其项目申报书，依据区域及地理环境、历史渊源、基本内容、相关制品作品、传承谱系、主要价值、濒危状况、保护措施等内容进行的立面和空间转化。项目叙事的主要特征是复制了“非遗”的官方标准文本表述，可以称得上是一种最为“规范”的“非遗”主题展览。这恰好呼应学界将“具象化的‘非遗项目’与概念化的‘非遗’整合成完整体系，形成有关于‘文化中国’文化叙事的研究趋势”[19]。这种叙事模式集中体现在各地非遗馆常设非遗展，以及博览会、节庆活动现场和特色小镇、特色街区、生产性基地等展演空间的临时展览。以四川省非物质文化遗产馆常设展览“天府根脉——四川省非物质文化遗产精品展”为例，该展览展品精选自四川省21个市（州）150余项国家级、省级非遗代表性项目，由近2000件非遗代表性作品组成，内容结构分为“百年千技”“守正创新”“非遗生活”三个单元。

图四　四川省非物质文化遗产馆“天府根脉——四川省非物质文化遗产精品展”以非遗项目展示体现新时代四川非遗保护利用成果（作者拍摄）

三、非遗展示趋势与建议

（一）兼具精神性、无形性、活态性和多元性的展品

不同于以物质形态为核心的文物、艺术品

展览，非遗展览的展示对象——非物质文化遗产不限于物质形态的相关工具、实物和场所，还主要由具有精神性、无形性和活态性的艺术表现形式和文化事项组成。这也使得非遗展览的展示对象呈现出更加多元的形态特征。同时，由于非遗门类繁多①，非遗展还细分为各种专题，例如，重庆和四川地区非遗展示专题较为集中的酿酒、彩灯、皮影戏等传统技艺类，以及民俗、戏剧、医药门类。以传统技艺非遗展为例，展览除了展示手工艺制品、技艺工具，还要体现技艺传承人、技艺过程，这些内容又通常以照片、影像、图纸以及艺术场景、装置和模型等载体来阐释传播。

展览策划设计的难点即在于将这些多元化展品整合形成展品系统，充分发挥其综合媒介功能。即使近年来非遗展策展实践取得一定成果，但至今尚未在非遗展研究领域形成被广泛认可的策展设计理论方法，究其本质，就在于对非遗展的上述展品特点缺乏深刻认知。因此，对非遗展示对象特殊形态和内涵的深刻认知，应作为各文化机构策划非遗展览的认知前提和研究内容。

（二）强调动静结合的过程性展示

在非遗展览中“物”不再是唯一要素，具有非物质的、无形的和精神性特点的“文化现象”“文化事项”“技艺过程”却成为重要的展示内容，因此，非遗展内容的主要特征是动静结合的过程性展示，如何采集、保存和体现过程性展示内容，成为非遗展内容阐释的重要挑战。然而，在博物馆策展实践中，常见做法仍然是将具有物质形态的非遗作品、相关工具和实物作为非遗展主体展品，突出其作为历史“物证”的真实性、稀缺性和艺术价值，缺乏对应过程性展示的内容挖掘阐释，这也是当今国内博物馆界普遍存在的问题。

近年来，跨领域跨学科融合策展，成为突破行业瓶颈的有益尝试。一方面，非遗馆、文化馆、美术馆、博物馆等办展机构联合艺术院校等科研院所，依托展览对“文化现象”“技艺过程”开展田野调查、图像采集和数字活化研究；另一方面，运用设计学、美术学、民俗学等跨学科知识提供理论支撑，为展览构建多元策展视角和阐释路径。以重庆中国三峡博物馆与四川美术学院联合策划“长江流域民间手工艺创新设计展”为例，运用四川美术学院“锦绣西南：土家织锦科普体验系统设计”“长江流域代表性手工艺数据库”等数字媒体艺术作品，突破博物馆传统的静态展示模式，为彰显文化现象，体现技艺过程提供了阐释路径。

（三）注重观众体验的阐释性设计

为应对展品的多元形态和展示内容的过程性特征，以注重观众体验的阐释性设计日渐成为非遗展形式设计趋势。即使非遗展至今尚未形成被广泛认可的设计理论方法和实践样本，但结合博物馆学界“阐释”新兴议题，引入艺术化场景、互动化装置、沉浸式展演等行业已较为成熟传播手段，为非遗展叙事关系的建立与强化，叙事视角的切换与转化提供了理论与实践基础。

然而，从策展实践成效来看，目前非遗展仍在一定程度上存在工具和手工艺品等“物”的展示有余，而非遗传承过程和文化现象展示不足，展览感染力、参与性和体验感不够等问题，体现出阐释性设计面临的多重挑战。这与

① 国家级非物质文化遗产代表性项目名录的十大门类：民间文学，传统音乐，传统舞蹈，传统戏剧，曲艺，传统体育、游艺与杂技，传统美术，传统技艺，传统医药，民俗。

时代多元诉求有关：随着文旅融合时代①和体验经济时代②来临，非遗展既然肩负着提升非遗与现实生活关联性的使命，就更迫切需要结合文旅融合发展和体验经济市场规律，利用独有展品资源，创造并提供具有情感属性的商品形态——观展体验。它不仅能加强旅游主体（观众）与客体（博物馆展览）之间互动关系，还可满足观众指向精神层面的消费需求。

四、余论

重庆和四川地区的非遗项目都根植于巴蜀文化生态之中，具有资源整合、共建合作的良好基础。作为现阶段非遗保护整体提质增效的关键举措，非遗场馆建设高潮还将持续。重庆和四川地区将出现更多常态化开放的综合性非遗陈列展览，其功能不仅在于整合发挥“展览展示+展演展销+传承培训+旅游体验”的多维度平台价值，而且有利于整合巴蜀非遗资源，提升公众对巴蜀非遗的全局性认知，铸牢中华民族共同体意识。因此，非遗展览既要符合实体展示基本通则，又不应陷入传统展陈思维定势，要体现非遗展品精神性、无形性、活态性和多元性特征，与“见人见物见生活”的保护理念相一致，运用多学科理论方法，加强动静结合的过程性展示和体验阐释性设计，才能切实推进巴蜀非遗活化利用。与此同时，还需要处理好非遗展览与当代审美的契合，与体验消费的衔接，与数字科技的运用，与生活方式的融入等当下所面临的问题挑战。由此梳理出非遗展示的发展趋势：一方面，呈现出审美再造、功能重构、设计赋能、品牌跨界、IP缔造等态势，涌现出“数字非遗”[20]“非遗旅游”[21]等新兴概念和议题；另一方面，突破非遗原生现场限制，在非遗展览的场景空间之中，还将实现物质与非物质、传统与时尚、文化与科技、历史与当下的联结，促进人与人互动交流，让传承人与大众“隔空握手”，才能回应非遗策展的“初心”所在——将传承人的知识、理念和审美，经由链接与转译，传达给大众，让非遗更好地经由时空，从历史面向未来。

参考文献：

[1] [15] 杨红. 我国非遗馆建设情况及发展趋势 [J]. 浙江非遗，2024（2/3）：12、13.

[2] 严建强，邵晨卉. 非物质文化遗产与博物馆——关于当代中国非物质文化与博物馆关系的若干思考 [J]. 中原文物，2018（3）：126.

[3] 李明倩. 博物馆叙事研究综述——兼论展览叙事核心议题 [J]. 自然科学博物馆研究，2019（6）：5−12.

[4] 周婧景. “阐释与阐释规划”：影响当代博物馆转型的议题 [J]. 东南文化，2022（5）：138.

[5] 郭平，张洁. 中国非物质文化遗产研究 2023 年度报告 [J]. 民间文化论坛，2024（2）：58−68.

[6] 周婧景. “阐释性展览”：试论当代展览阐释的若干问题 [J]. 东南文化，2019（6）：95−103.

[7] 杨红. 笔谈：数字化为文明赋彩 [J]. 中国文化遗产. 2024 年（2）：18.

[8] 广州美术学院艺术与人文学院. 讲座回顾，严建强：博物馆化的扩张——博物馆文化的兴起与演变[EB/OL]. (2018−06−28) [2024−08−22]. https: //mp.weixin.qq.com/s/Eh_aYhBRKEZqPjfwQnkm-A.

[9] 杨红，张烈. 非遗专题展览的叙事方式研究 [J]. 文化遗产，2021（4）：2.

---

① 借助旅游者自带的文化价值观系统，文化与旅游之间已形成相互赋值的体验消费过程，这意味着当今社会已显现出文化旅游体验经济形态。

② 美国学者托夫勒早在 20 世纪 70 年代出版的《未来的冲击》一书中就提到“经济发展在经历了农业经济、工业经济、服务经济等浪潮后，体验经济将是最新的发展浪潮”。这是“体验经济”一词首次出现在人们视野。

[10] 王美诗. 非物质文化遗产展的定义、分类及价值追求 [J]. 东南文化，2021（5）：20−21.

[11] 重庆非遗. 加强文化生态保护 展示非遗保护成果 渝东南文化生态保护实验区非遗馆对外开放 [EB/OL]. (2024−03−29) [2024−08−22]. https: //mp.weixin.qq.com/s/VW4tXZSO6Ty8ghAjCRhBLQ.

[12] 宜宾经信. 文传千载 酒承万象，2023 五粮液文化酒主题探索馆盛大开馆 [EB/OL]. (2023−04−11) [2024−08−22]. https://mp.weixin.qq.com/s/RM8iiCx9 THiYXrq-JXuqnDA.

[13] 四川博物院. “川酒文化历史探索之旅主题文化活动”拉开序幕 [EB/OL]. (2024−05−10) [2024−08−22]. https:/mp.weixin.qq.com/s/EulciAiXm_YuIRC2CbKLEw.

[14] 重庆市沙坪坝区文化馆. 沙坪坝区文化馆举行非遗传承体验分馆授牌仪式. (2023−12−29) [2024−08−22]. https: //mp.weixin.qq.com/s/AXbsDXyg-1JZE14i-ZDaHg.

[16] 中国非物质文化遗产保护中心. 非遗数据：国家级文化生态保护区 [EB/OL]. (2024−07−11) [2024−08−22]. https://mp.weixin.qq.com/s/ClmabQt2bRQ9jPbxoXQ_kw.

[17] [18] 关昕. 从知识、技术到智识传统：“非遗”主题展览的话语分析 [J]. 东南文化，2018（6）：99.

[19] 朱伟. 非物质文化遗产中的“国家”叙事 [J]. 文化遗产，2018（5）：2.

[20] 薛可，郭斌. 中国非物质文化遗产数字传播研究报告（2018—2022）[M]，上海：上海交通大学出版社，2023：3−5.

[21] 叶设玲. 非物质文化遗产与旅游融合发展：以江苏为例 [M]，上海：复旦大学出版社，2023：7−8.